Depuis que j'ai commencé à défendre les droits des personnes handicapées en Tanzanie et ailleurs, j'ai lu beaucoup de livres sur les problèmes liés au handicap. De nombreux ouvrages sur le sujet ont été écrits dans le monde, y compris en Afrique. Cependant, au fil de ces années de lecture, je n'ai jamais trouvé de livre sur le handicap rédigé dans une perspective chrétienne. Alors que je travaillais avec la Free Pentecostal Church of Tanzania [l'Église pentecôtiste libre de Tanzanie], j'ai incité cette église à adopter une « politique ecclésiale pour les personnes handicapées », qui a été approuvée en 2009. Beaucoup de théologiens considèrent les personnes handicapées comme une cause caritative, c'est-à-dire des personnes qu'il faut prendre en pitié et aider afin de recevoir des bénédictions de Dieu.

Inclus et valorisés apporte une perspective différente, abordant le handicap d'un point de vue inclusif, selon lequel les personnes handicapées ont la possibilité de servir Dieu, comme toute autre personne de leur communauté. À la lecture de ce livre, j'ai été fasciné en particulier par les explications sur le handicap et les personnes handicapées. Je suis convaincu que cet ouvrage ouvrira de nouvelles portes aux personnes handicapées afin qu'elles soient incluses dans l'Église de diverses façons. Je le recommande aux responsables et aux membres des églises, car il changera la mentalité de la communauté envers les personnes handicapées. Selon la Bible, Dieu a créé l'homme à son image. Par conséquent, les personnes handicapées sont des personnes créées par Dieu pour le servir et non pour être prises en pitié et considérées comme des occasions de recevoir des bénédictions de Dieu grâce à des actes de charité ! Le handicap doit donc être abordé à la fois comme une question humaine et comme une question de développement.

Comme on le sait bien, les responsables d'églises ont le pouvoir de changer les mentalités. Ce livre facilitera donc le changement d'attitude de la communauté à l'égard des personnes handicapées.

Josephat Torner
Cofondateur et PDG de la fondation Josephat Torner
Défenseur des personnes atteintes d'albinisme

Ce livre est extrêmement pratique et remet en question un grand nombre de mythes entourant le handicap sous toutes ses formes. Il est écrit par de véritables spécialistes qui ont consacré toute leur vie à travailler avec les personnes handicapées dans leurs communautés respectives, sur le continent africain. Au cœur de cet ouvrage, il y a pour nous tous, toutes religions et origines confondues, un vibrant appel à l'inclusion, afin de reconnaître l'humanité et la divinité absolues qui existent en chacun de nous. Aux yeux de Dieu et entre ses mains aimantes, nous sommes tous égaux, quelles que soient nos qualités physiques, culturelles et ethniques. Cet ouvrage est lumineux de compréhension et d'espoir et il bannit les préjugés et l'exclusion. Ce n'est pas un livre à ranger sur une étagère, mais plutôt un guide qui s'impose à nous quand nous nous rendons dans nos communautés pour les sensibiliser, à l'ombre d'un manguier, dans la chaleur de l'après-midi. Il devrait nous accompagner non seulement dans les villages et les petites villes, mais aussi dans les grands centres urbains d'Afrique, où les personnes handicapées sont si souvent perdues dans la mêlée. Au fil du temps, les pages devraient se recouvrir de la poussière de la route, attestant que ce livre a été notre compagnon tout au long du chemin.

« En réalité, c'est lui qui nous a faits ; nous avons été créés en Jésus-Christ pour des œuvres bonnes que Dieu a préparées d'avance afin que nous les pratiquions » (Ep 2.10).

Frère Giannone Carmelo
Ministre provincial, ordre des Frères mineurs (OFM)
Province de Saint François en Afrique de l'Est, Madagascar et Île Maurice

Bridget Hathaway et Flavian Kishekwa ont déployé des efforts considérables pour étudier l'un des domaines les plus négligés dans les écrits africains. Le résultat est une argumentation très riche et instructive, nous convainquant de remettre en question la façon dont nos communautés et familles africaines traitent nos frères et sœurs atteints de handicaps de toutes sortes. Leurs recherches regorgent d'histoires et d'anecdotes populaires, de croyances et de pratiques locales et décrivent la manière dont celles-ci impactent la vie quotidienne des Africains. L'interrelation des messages abordés dans ces pages témoigne d'un engagement profond, étayé de textes bibliques qui interpellent, et d'une mine de connaissances théologiques. Bridget et Flavian n'hésitent pas à s'attaquer à des questions ardues telles que notre rapport à la souffrance face à notre foi en un Dieu tout-puissant, et ce que cela signifie d'être humain quand on est handicapé. C'est une ressource incontournable à la fois pour les universitaires et les spécialistes qui envisagent de travailler avec des personnes vulnérables dans un contexte africain, ou toute personne qui, par curiosité intellectuelle, cherche à comprendre les problèmes liés au handicap en Afrique. Lisez ce livre et apprenez de ceux qui ont vécu et travaillé dans des lieux où la souffrance est omniprésente.

Paul Nzacahayo
Ministre méthodiste, précepteur
Queen's Foundation for Ecumenical Theological Education
Birmingham, Royaume-Uni

Inclus et valorisés

GLOBAL LIBRARY

Inclus et valorisés

Une théologie pratique du handicap

Bridget Hathaway et Flavian Kishekwa

Traduit de l'anglais par Joelle Giappesi

© Bridget Hathaway et Flavian Kishekwa, 2021

Publié en 2021 par Langham Global Library,
Une marque de Langham Publishing
www.langhampublishing.org

Les éditions Langham Publishing sont un ministère de Langham Partnership.

Langham Partnership
PO Box 296, Carlisle, Cumbria, CA3 9WZ, UK
www.langham.org

ISBNs:
978-1-78368-765-7 Print
978-1-83973-015-3 Mobi
978-1-83973-014-6 ePub
978-1-83973-016-0 PDF

Conformément au « Copyright, Designs and Patents Act, 1988 », Bridget Hathaway et Flavian Kishekwa déclarent qu'ils sont en droit d'être reconnus comme étant les auteurs de cet ouvrage.

Tous droits réservés. La reproduction, la transmission ou la saisie informatique du présent ouvrage, en totalité ou en partie, sous quelque forme ou par quelque procédé que ce soit, électronique, mécanique, photographique, est interdite sans l'autorisation préalable de l'éditeur ou de la Copyright Licensing Agency. Pour toute demande d'autorisation de réutilisation du contenu publié par Langham Publishing, veuillez écrire à publishing@langham.org.

Toutes les photographies figurant dans ce livre qui représentent des personnes sont protégées par le droit d'auteur de leurs propriétaires respectifs et ont été reproduites dans cet ouvrage avec l'autorisation des personnes présentes sur les photos ou de leurs tuteurs légaux. Les photos ne doivent pas être réutilisées ou partagées sans l'autorisation explicite de l'éditeur.

Sauf indication contraire, les citations bibliques sont tirées de la Bible version Segond 21 Copyright ©2007 Société Biblique de Genève. Reproduit avec aimable autorisation. Tous droits réservés. Quand elle est utilisée, la version de la Traduction œcuménique de la Bible est indiquée « TOB » entre parenthèses. Traduction œcuménique de la Bible ©Société biblique française Bibli'O et Éditions du Cerf, 2010. Avec autorisation.

Traduit de l'anglais par Joelle Giappesi.

Édition originale publiée en langue anglaise sous le titre : *Included and Valued: A Practical Theology of Disability*, Carlisle, Langham Global Library, 2019.

Les citations qui figurent dans ce livre et sont tirées d'ouvrages en anglais ont toutes été traduites par le traducteur.

British Library Cataloguing-in-Publication Data
A catalogue record for this book is available from the British Library

ISBN : 978-1-78368-765-7

Mise en page et couverture : projectluz.com

Langham Partnership soutient activement le dialogue théologique et le droit pour un auteur de publier. Toutefois, elle ne partage pas nécessairement les opinions et avis avancés ni les travaux référencés dans cette publication et ne garantit pas son exactitude grammaticale et technique. Langham Partnership se dégage de toute responsabilité envers les personnes ou biens en ce qui concerne la lecture, l'utilisation ou l'interprétation du contenu publié.

Ce livre est dédié à toutes les personnes handicapées qui ont été marginalisées et se sont vu refuser la possibilité de faire partie de la vie et du travail de la communauté et de l'Église. Puissent-elles recevoir le droit d'exprimer et d'utiliser leurs dons dans la vie de leurs communautés, de leurs lieux de culte et de la société en général.

Préface

Le royaume de Dieu est bien plus grand que nous ne pouvons l'imaginer. Le ministère de Jésus nous montre que c'est un royaume plein de surprises, et l'inclusion de ceux que le monde rejette ou ignore n'est pas la moindre d'entre elles. Jésus veillait de près sur les veuves, les enfants, les aveugles, les boiteux, les malades et les démunis. Aujourd'hui, il attend de ceux qui détiennent le pouvoir ecclésial et laïc et qui jouissent du succès de leurs réalisations la même attention que la sienne envers les marginalisés.

Le contenu narratif captivant de Bridget Hathaway et Flavian Kishekwa donne non seulement la même estime à ceux que l'on qualifie nonchalamment d'« handicapés », mais il affirme également qu'être sensible aux personnes vulnérables apporte aux responsables d'églises une profonde expérience de compassion et de guérison par la grâce du Saint-Esprit. L'inclusion des personnes handicapées leur apporte des capacités transformées et une église plus authentique.

Inclus et valorisés combine l'aspect pratique et théologique, en s'appuyant constamment sur la Bible et sur des perspectives sociales et professionnelles pour encourager le pasteur et d'autres à prendre soin des personnes handicapées et à être à l'aise en la présence de ces dernières.

Ce livre profondément porteur d'espoir est riche en conseils simples et utiles. Ses descriptions claires et ses illustrations de conditions souvent déroutantes récompenseront les chrétiens qui, par leur étude minutieuse, s'intéressent au sujet. Des déficiences physiques et mentales aux troubles psychiatriques et aux distorsions sensorielles, l'auteur s'attaque aux préjugés concernant la pratique pastorale, la vérité spirituelle, la guérison, l'abus et les tabous sociaux.

Une déficience physique, mentale ou sensorielle peut être cruelle et douloureuse. Elle n'a sans doute pas été désirée par la personne qui en fait l'expérience, par sa famille ou sa communauté. Mais beaucoup de personnes handicapées savent qu'elles ont été créées à l'image de Dieu, avec vocation pour la plénitude de vie chrétienne. Elles louent, évangélisent, encouragent et soignent. Elles exercent leur ministère dans la joie, tant auprès de leur entourage qu'auprès de jeunes visiteurs confiants, venus de régions reculées.

Mon propre appel à suivre le Seigneur Jésus a eu lieu dans des circonstances similaires, à l'âge de 18 ans, alors que je travaillais dans le sud-ouest de l'Ouganda, parmi les chrétiens handicapés d'un centre de réadaptation en milieu rural financé par l'ONU/CMS, sur l'île de Bwama. Que ce soit par l'action du sourire chaleureux de Richard, qui m'a regardé du sol où il gisait pour m'accueillir, ou par mon humble prise de conscience de mon incompétence sur une pirogue, ou encore sur un terrain de football où mon adversaire a pivoté sur un bâton pour marquer un but, ma connaissance enfantine de la Bible et ma juvénile confiance en moi se sont changées en une confiance grandissante en Jésus-Christ, Sauveur et Seigneur.

Je suis reconnaissant pour le rappel opportun que la vie avec les personnes handicapées est un cadeau et une joie, une pleine expression d'apostolat partagé, vénérant le Roi dont la Bible dit : « Dieu a voulu que toute sa plénitude habite en lui. Il a voulu par Christ tout réconcilier avec lui-même, aussi bien ce qui est sur la terre que ce qui est dans le ciel, en faisant la paix à travers lui, par son sang versé sur la croix » (Col 1.19-20).

Alors que nous nous imprégnons des implications, pour nos propres ministères, de l'étude prophétique des auteurs, gardons à l'esprit ces paroles de Dietrich Bonhoeffer : « Devant Dieu il n'y a pas de vie indigne d'être vécue, car Dieu tient la vie elle-même pour précieuse[1]. » Et réagissons encore plus profondément à la grâce et au commandement du Seigneur Jésus : « Aimez-vous les uns les autres, comme je vous ai aimés » (Jn 15.12, Colombe).

David Urquhart
Évêque de Birmingham, Royaume-Uni

---

1. Dietrich Bonhoeffer, *Éthique*, Genève, Labor et Fides, 1989, p. 130.

Remerciements

Écrire un livre nécessite un grand travail d'équipe, et ce livre ne fait pas exception.

Nous sommes tous deux très reconnaissants du soutien que nous avons reçu pour faire face aux divers défis auxquels nous avons été confrontés lors de la rédaction de ce manuel. Sans l'encouragement de nombreuses personnes, nous n'aurions peut-être pas finalisé ce projet.

Il n'est malheureusement pas possible de citer chacun par son nom, cela prendrait plusieurs pages. Cependant, il nous faut mentionner quelques personnes et groupes qui ont joué un rôle déterminant pour que nous puissions atteindre cette étape finale.

Depuis 1994, le diocèse anglican de Kagera, en Tanzanie, soutient le concept de réhabilitation basée sur la communauté (RBC[1]). Nous sommes reconnaissants pour son soutien continu au programme de réhabilitation basé sur la communauté de Karagwe (KCBRP[2]) depuis ses débuts en 2003. Flavian joue un rôle de premier plan au sein de ce programme, qui s'appelle désormais Organisation communautaire de développement inclusif – Kagera. Nous sommes particulièrement reconnaissants au révérend Aggrey Mashanda, directeur exécutif, et aux employés qui ont ménagé du temps à Flavian pour travailler à cet ouvrage.

Nous sommes reconnaissants à Crosslinks pour leur compréhension et leur soutien qui ont permis à Bridget de prendre le temps de coécrire le livre. Nous apprécions grandement la manière dont les sympathisants personnels de Bridget et les Églises Link se sont associés à cette entreprise, à la fois dans la prière et dans l'assistance financière. Un grand merci à Mary pour sa générosité qui a permis à Flavian et Bridget de se rencontrer en Tanzanie afin d'écrire ensemble, côte à côte, à la même table !

La deuxième partie du manuel a nécessité de nombreuses recherches, réflexions et lectures. Bridget n'aurait pu le faire sans les ressources mises à disposition par la bibliothèque de la Queen's Foundation for Ecumenical Theological Education à Birmingham, au Royaume-Uni. Elle a trouvé là une

---

1. N.D.T. : Dans l'original, « Community Based Rehabilitation ».
2. N.D.T. : Dans l'original, « Karagwe Community Based Rehabilitation Programme ».

bibliothèque bien fournie, propice à l'étude ! Merci également à Andrea, Evelyn et Theresa pour leur amitié, leurs discussions stimulantes et leurs encouragements.

Nous sommes ravis que l'Église St Peter's Church de Kayanga, à Kagera, en Tanzanie, ait adopté le concept d'inclusion et constitue désormais un bel exemple d'église qui s'efforce d'inclure les personnes handicapées. Nous remercions le révérend chanoine Naftal Hosea d'avoir commencé à donner vie à notre livre ici même à Karagwe. Nous lui sommes également reconnaissants pour son aide et ses connaissances concernant le chapitre sur les croyances et les attitudes.

Nous remercions Langham Publishing pour avoir compris l'importance d'un ouvrage traitant du rapport entre le handicap et la théologie en contexte africain. Nous sommes reconnaissants pour toute l'aide et les encouragements qu'ils nous ont prodigués lors de la rédaction de ce livre.

Cet ouvrage n'aurait pas vu le jour sans toutes les personnes handicapées, leurs familles, leurs aides-soignants et leurs amis, qui nous ont tant appris et qui ont accepté que nous utilisions certaines de leurs histoires et photographies dans ce manuel. Que la bénédiction et les encouragements de Dieu soient sur eux tous.

Introduction générale

Lorsque des personnes parlent de handicap ou rencontrent une personne handicapée, leur attitude dépend souvent de leur culture, de leurs croyances spirituelles et de leurs expériences antérieures en matière de handicap. Malheureusement, il n'est pas rare de voir des attitudes négatives à l'égard du handicap et, depuis les temps bibliques jusqu'à nos jours, nous savons que les personnes handicapées sont largement victimes de discrimination et souvent privées de leurs droits fondamentaux. L'Église au sens large n'est pas innocente en matière de discrimination, quand bien même celle-ci n'est pas intentionnelle. Le but de ce manuel est donc d'aider les responsables d'églises à mieux comprendre le handicap, à explorer des passages de la Bible concernant divers aspects du handicap et à proposer des idées pratiques leur permettant de diriger une église conviviale pour les personnes handicapées. Le handicap n'est pas la conséquence du péché ; les personnes handicapées sont créées à l'image de Dieu, comme tout le monde, et font donc partie intégrante de la famille et de la communauté de l'église. Nous espérons que ce manuel conduira à un changement d'attitude de la part des dirigeants d'églises à l'égard des personnes handicapées, et que cela se généralisera à l'ensemble de la communauté plus large.

Il existe un certain nombre de livres concernant le handicap dans un contexte africain. Cependant, il y en a bien moins qui traitent du handicap d'un point de vue théologique. Sur un continent où la croyance dans le monde des esprits reste vivace, il est important de veiller à ce que le Saint-Esprit soit la base de nos croyances dans l'Église. Il ne s'agit pas de nier la présence d'esprits maléfiques, mais bien de reconnaître que la victoire sur le mal a été remportée à la croix à Golgotha. Un manque de compréhension ou de connaissances sur le handicap peut conduire à l'acceptation de croyances traditionnelles préjudiciables. Nous espérons que cet ouvrage fournira, au moins en partie, les outils nécessaires pour permettre aux responsables d'églises de combattre ces croyances par la vérité biblique.

Le sujet du handicap soulève souvent nombre de discussions sur la terminologie. Les différentes opinions concernant la terminologie correcte peuvent rendre difficile le choix des termes à utiliser ; en effet, les personnes vivant avec un handicap peuvent elles-mêmes utiliser, par exemple, le terme « personne handicapée », alors que les personnes non handicapées l'évitent. Dans ce manuel, nous avons parfois utilisé le terme « déficience », d'autres fois « handicap » et d'autres encore, « personnes handicapées ». Nous sommes conscients que les termes « handicap » et « déficience » peuvent avoir des sens différents, mais gardant à l'esprit les défis de la traduction, nous avons décidé d'utiliser les termes de manière interchangeable pour éviter les malentendus. La version française de la Bible Segond 21 a été citée tout au long de l'ouvrage, sauf indication contraire.

La section I du manuel aborde plusieurs types de handicaps et leurs causes. Elle examine brièvement comment les gérer, avec l'objectif de réduire les croyances préjudiciables, dont certaines sont consignées ici. Malheureusement, ce livre ne permet que de brèves explications ; il y a bien plus à dire sur les types de handicaps mentionnés et bien d'autres handicaps ne sont pas évoqués. Nous invitons les lecteurs à explorer davantage ces questions dans les livres et sur Internet.

Dans la deuxième partie, des sujets tels qu'être créés à l'image de Dieu, ce que signifie être humain, le handicap et la guérison sont abordés d'un point de vue théologique. Il n'est pas possible de recenser tous les points de vue en un seul ouvrage, mais nous avons cherché, tout au long du texte, à informer les lecteurs et à les inciter à réfléchir plus profondément à la complexité des problèmes liés au handicap.

La troisième partie motive les lecteurs à se rendre compte des capacités des personnes handicapées dans le contexte de l'Église. L'objectif de cette section est d'encourager les dirigeants d'églises et de leur permettre de créer un environnement propice à une plus grande inclusion active des personnes handicapées dans la vie de l'Église et de la communauté. Nous savons que cela peut être difficile pour de nombreuses raisons, mais même la plus petite tentative rapproche l'Église du modèle que Jésus a enseigné. Dans la citation suivante, nous pourrions également ajouter « personnes handicapées ou non handicapées » :

> Vous êtes tous fils de Dieu par la foi en Jésus-Christ ; en effet, vous tous qui avez été baptisés en Christ, vous vous êtes revêtus de Christ. Il n'y a plus ni Juif ni non-Juif, il n'y a plus ni esclave ni libre, il n'y a plus ni homme ni femme, car vous êtes tous un en Jésus-Christ. (Ga 3.26-28)

Section I

L'importance de comprendre le handicap

1

Introduction au handicap

Les personnes vivant avec un handicap sont confrontées à des défis sociaux importants. Elles subissent discrimination et stigmatisation et restent par conséquent largement invisibles dans la société. Cela entrave leur pleine participation à la vie de leur famille et de leur communauté. La présence de croyances superstitieuses sur le handicap parmi les communautés du monde entier, telle que le fait qu'être handicapé serait le résultat d'actes passés répréhensibles, compromet la possibilité, pour les personnes handicapées, de devenir des membres valorisés et respectés de la société. Dans de nombreux endroits, elles sont confinées à la maison ; cela les empêche d'accéder à une éducation de qualité et de participer à des activités sociales et économiques.

Les personnes handicapées sont également confrontées à des restrictions importantes dues aux obstacles de l'environnement. Des ajustements d'infrastructure leur donneraient de plus grandes possibilités de participer à la vie de la communauté. Bien que ces améliorations soient susceptibles de réduire de manière significative la dépendance et les contraintes, en particulier pour les personnes présentant une déficience modérée, les personnes plus atteintes resteraient sévèrement dépendantes.

Lorsque les gens comprennent mal le handicap, ils en recherchent souvent la cause ; faute de connaissances scientifiques, nombre d'entre eux se tournent vers les croyances traditionnelles. Malheureusement, un certain mélange de peur et d'incompréhension peut entraîner des pratiques nuisibles aux personnes handicapées, ainsi que la marginalisation de familles entières. Nous espérons que les chapitres de cette section contribueront à dissiper certains mythes entourant le handicap.

Qu'entendons-nous par « personnes handicapées » ?

Le terme « personnes handicapées » désigne les personnes présentant des déficiences physiques, intellectuelles, sensorielles et psychiatriques/mentales durables. Certains types de handicaps peuvent être invisibles ; par exemple, des maladies liées à des troubles psychiatriques et certains types de difficultés d'apprentissage sont parfois cachés. Ne prenez jamais pour acquis que quelqu'un n'a pas de handicap juste parce que vous ne le voyez pas.

La perception du handicap

La manière dont les gens perçoivent le handicap varie en fonction de leur contexte. Par exemple, les personnes vivant dans des zones rurales peuvent avoir des idées différentes sur le handicap de celles vivant en région urbaine. Pour que nous puissions comprendre le terme « handicap », nous devons d'abord être en mesure de le différencier des maladies qui sont habituellement confondues avec le handicap. L'erreur la plus courante consiste à assimiler la déficience à une altération de la santé ou à une maladie. Cependant, bien que les maladies puissent causer une invalidité et, à l'inverse, que certaines invalidités puissent rendre une personne plus vulnérable à certaines maladies, le handicap en soi est un état qui dure toute la vie, contrairement à la plupart des maladies.

Un concept du « handicap »

Le handicap est un état permanent ou progressif qui nuit à la performance d'une personne dans ses activités quotidiennes. Il se caractérise par une déficience cognitive, neurologique, sensorielle ou physique, ou par une combinaison de ces déficiences. Une personne handicapée est limitée dans l'exécution de certaines fonctions, contrairement à une personne non handicapée. Par exemple, un handicap peut affecter la capacité d'apprentissage, de mobilité, de communication ou d'interaction avec les autres. Certaines personnes peuvent faire face à tous ces défis. Un handicap peut survenir à tout moment dans la vie d'une personne : certaines personnes naissent avec, d'autres l'acquièrent au cours de leur vie. Dans certains cas, nous en connaissons la cause, mais dans d'autres, la cause est inconnue. Le handicap peut toucher toute personne, sans distinction d'âge ou d'origine ethnique. Comme le formule l'Organisation mondiale de la santé : « Le handicap n'est pas simplement un problème de santé. Il s'agit d'un phénomène complexe qui découle de l'interaction entre les caractéristiques corporelles d'une personne et les caractéristiques de la société où elle vit[1]. »

L'accident

L'histoire suivante explore les interprétations du terme « handicap ».

Paulo et Dominique étaient de bons amis ; ils étaient dans la même classe à l'école et vivaient dans le même quartier de la ville. D'ailleurs, les enseignants disaient d'eux qu'ils étaient « comme les deux doigts de la main », car ils étaient inséparables. Dominique aimait jouer au football ; en fait, les seules fois où Paulo était séparé de Dominique, c'était quand Dominique jouait, mais Paulo se tenait habituellement sur le côté du terrain et regardait. « Vas-y, Dom ! criait Paulo. Tu joues pour nous deux ! » Paulo aurait adoré participer au jeu, mais sa jambe droite avait été endommagée à la naissance ; elle était donc faible et maigre. Il savait que les gens l'appelaient « handicapé », mais il ne se voyait pas vraiment ainsi. Sa jambe n'irait pas mieux, il le savait, mais il aimait quand même la vie.

Un jour, Dominique jouait un match à l'école et l'équipe adverse était composée de garçons plus grands, plutôt agressifs. Soudain, Dominique fut attaqué par derrière et, avec un grand cri, il tomba au sol. « Oh ma jambe ! criat-il. Ça fait mal, j'ai mal ! » L'arbitre arrêta le match et Dominique fut emmené à l'hôpital, souffrant atrocement. À l'hôpital, le médecin déclara que sa jambe était gravement fracturée et qu'elle resterait dans le plâtre pendant six semaines. « Et vous devrez ensuite utiliser une béquille pendant encore deux semaines », a ajouté le médecin.

« Est-ce que je pourrai rejouer au football ? demanda Dominique au médecin, ou suis-je maintenant handicapé, comme mon ami Paulo ? »

Mais ce fut Paulo qui répondit en riant : « Bien sûr que tu n'es pas handicapé ! Ou bien, seulement temporairement ; mais tu vas pleinement récupérer, pas comme moi ; moi, c'est pour la vie. » Et ils rirent ensemble, comme tous les amis le font.

Paulo était-il invalide ? Souvent, les gens pensent qu'une personne handicapée est incapable de faire nombre de choses ; la scolarisation est même refusée à de nombreux enfants handicapés. Dans le récit, nous lisons : « Il [Paulo] savait que les gens l'appelaient "handicapé", mais il ne se voyait pas vraiment ainsi. » Paulo était capable de tout faire, sauf courir et jouer au football avec son ami. Il pourrait faire d'autres sports si l'occasion lui en était donnée, comme le volley-

---

1. Organisation mondiale de la santé, « handicaps », https://www.who.int/topics/disabilities/fr/, consulté le 3 mars 2020.

ball assis et le tennis en fauteuil roulant, que de nombreuses personnes valides ne peuvent pas pratiquer.

Selon la Classification internationale des handicaps[2], « la discrimination fondée sur le handicap est le fait de traiter une personne handicapée moins favorablement qu'une personne non handicapée[3] ». Peut-être que beaucoup d'entre nous sont coupables de discrimination à l'encontre des personnes handicapées, ne reconnaissant pas leurs capacités.

Bien des débats ont eu lieu au sein des groupes de personnes handicapées quant à la différence entre les modèles médical et social du handicap. Nous ne pouvons pas discuter de ces idées en détail dans cet ouvrage, mais l'explication suivante pourrait être utile. D'un point de vue médical, la déficience est perçue comme le résultat d'un traumatisme, d'une maladie ou de la génétique et nécessite, à ce titre, une intervention et une surveillance médicales. D'un point de vue social, les attitudes à l'égard des personnes handicapées affectent leur capacité à s'intégrer à la société, leurs droits fondamentaux et leurs possibilités d'accès à l'éducation et aux soins médicaux. L'accessibilité environnementale peut également avoir un impact majeur sur la vie des personnes handicapées.

En résumé

En tant que dirigeants d'églises, notre propre attitude vis-à-vis du handicap pourrait bien influencer l'attitude des autres et c'est une grande responsabilité. Puissions-nous tous chercher à être des exemples d'inclusion plutôt que de perpétuer l'attitude de marginalisation que l'on retrouve souvent dans notre société.

---

2. N.D.T. : l'équivalent en anglais est « International Classification of Impairments, Disabilities and Handicaps (ICIDH) ».

3. Cité dans « Definitions of Disability », Disabled World, consulté le 8 août 2018, https://www.disabled-world.com/definitions/disability-definitions.php [traduction libre].

2

Le handicap physique

Le handicap physique est le type de handicap le plus évident, car il est généralement visible et affecte les membres ou le tronc d'une personne. Il implique une anomalie d'une ou de plusieurs parties du corps. Le système nerveux peut également être touché, entraînant une paralysie qui nuit aux activités physiques, y compris la mobilité. Nous examinerons les causes du handicap physique dans ce chapitre. Ce faisant, souvenons-nous que les personnes faisant face à des défis physiques rencontrent certaines difficultés en raison de leur handicap ; cependant, les restrictions sont souvent dues à l'attitude de la société à l'égard du handicap plutôt qu'aux limitations physiques réelles de la personne. Les barrières physiques et les attitudes sociales négatives limitent la participation de la personne à la vie de la communauté, malgré son désir d'y contribuer autant que possible. De nombreuses personnes handicapées aspirent à vivre de manière autonome, bien que cela ne soit pas possible pour certaines d'entre elles. Dans ce cas, elles dépendront d'un soutien partiel ou permanent.

Les causes générales du handicap physique

Le handicap physique a plusieurs causes ; il peut être congénital (à la naissance), génétique (hérité) ou résulter d'une blessure ou d'une maladie grave ; par exemple, un accident de la route peut entraîner l'amputation d'un membre ou une paralysie. Des maladies telles que la méningite et le paludisme cérébral peuvent entraîner une invalidité permanente. La prise d'âge peut également entraîner une incapacité physique. Par exemple, en vieillissant, certaines parties du corps peuvent s'affaiblir et perdre de leur mobilité, et certaines personnes peuvent avoir besoin d'aides à la marche pour se déplacer.

Qu'entendons-nous par handicap génétique ou hérité ? Cette idée amène souvent les gens à blâmer les autres pour la présence d'un handicap, mais nous ne devrions blâmer personne ; ce n'est pas une attitude chrétienne et cela peut avoir des conséquences désastreuses, telles que la fin d'un mariage. Généralement, une déficience génétique est due à l'héritage d'un gène mal formé porteur d'un trouble particulier, tels la drépanocytose, l'albinisme ou la dystrophie musculaire. Ce gène mal formé est transmis par la famille, généralement à chaque génération. Parfois, c'est un chromosome mal formé qui provoque un dérèglement, comme par exemple dans le syndrome de Down (voir chapitre 3 sur la déficience intellectuelle).

Examiner en détail le handicap physique

Qu'est-ce qui pourrait causer une déficience congénitale ? Quand une femme est enceinte, il y a certains médicaments qu'elle ne devrait pas utiliser ; c'est pour cela qu'avant de prescrire des médicaments à une patiente, un médecin lui demandera si elle est enceinte. Le même principe s'applique aux médicaments non prescrits par un médecin. L'utilisation de ces médicaments peut provoquer une malformation du fœtus ; en outre, la consommation excessive d'alcool[1] ou de drogues entraînant la dépendance, telles que la marijuana[2], peut également être nocive pour le bébé.

Certaines déficiences sont causées par l'accouchement. Une femme enceinte peut subir un travail prolongé ou difficile suivi d'une naissance lente ; le bébé et la mère sont tous deux fatigués, le premier cri du bébé est tardif, ce qui peut entraîner un manque d'oxygène pour le bébé et endommager le cerveau. Les enfants nés très prématurément courent également un risque élevé de développer diverses maladies physiques en raison du développement incomplet de leurs organes.

Immédiatement après la naissance ou au cours de la première année de vie, l'enfant est très vulnérable aux infections. Dans les environnements pauvres où l'hygiène est aléatoire, l'enfant peut attraper une infection qui, non traitée, pourrait entraîner un handicap. Par exemple, si un furoncle ou une coupure s'infecte, cela peut provoquer une ostéomyélite, une infection qui pénètre dans l'os et commence à le détruire. Cela peut avoir des conséquences très invalidantes.

---

1. Fiche d'information « Alcohol and Pregnancy », Royal College of Obstetricians & Gynaecologists, consultée le 6 septembre 2018, www.rcog.org.uk/globalassets/documents/patients/patient-information-leaflets/pregnancy/pi-alcohol-and-pregnancy.pdf.
2. Paul Taylor, « Will Smoking Marijuana During Pregnancy Harm the Child ? », *Globe & Mail*, mis à jour le 5 juin 2018, consulté le 6 septembre 2018, https://www.theglobeandmail.com/life/health-and-fitness/health-advisor/will-smoking-marijuana-during-pregnancy-harm-the-child/article35982408/.

Quelques handicaps physiques courants que nous pourrions être amenés à rencontrer

La paralysie cérébrale

La paralysie cérébrale (PC) est une déficience motrice courante en Afrique, causée par des lésions de la partie du cerveau qui contrôle les mouvements et la coordination. Dans la plupart des cas, les dommages surviennent durant la grossesse ou lors de l'accouchement. Toutefois, des blessures à la tête ou une maladie grave touchant le cerveau, en particulier le paludisme cérébral et la méningite, peuvent parfois causer des dommages à un âge plus avancé. La paralysie cérébrale peut également affecter la parole, la vision, l'ouïe et la compréhension. Dans certains cas, la personne atteinte de PC souffrira également d'épilepsie. Lorsqu'une partie du cerveau est endommagée, il est difficile de récupérer complètement ; de ce fait, un enfant atteint de PC en subira les conséquences tout au long de sa vie. Malheureusement, il n'existe aucun médicament ou vaccin permettant de guérir la PC. Cependant, s'il y a une intervention médicale précoce, il y a de très bonnes chances que l'enfant se développe bien, vive une bonne vie et fasse partie de la communauté. Parfois, les personnes atteintes de PC présentent des mouvements incontrôlés au niveau des membres, mais tous ces mouvements sont la conséquence de lésions cérébrales ; ils ne sont pas liés à la sorcellerie ou aux mauvais esprits.

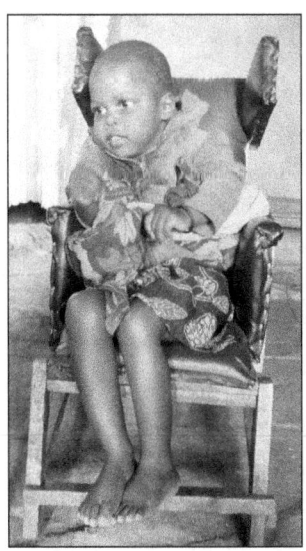

Figure 2.1. Un jeune enfant atteint de paralysie cérébrale.
Photo ©Bridget Hathaway

La meilleure façon d'aider un enfant atteint de PC consiste à consulter des professionnels, en particulier des physiothérapeutes et des ergothérapeutes, qui peuvent aider les parents à comprendre comment soutenir leur enfant.

Qu'est-ce qui cause la paralysie cérébrale ?
Comme mentionné plus haut, la PC est causée par des lésions cérébrales pouvant survenir avant, pendant ou juste après la naissance et même parfois plus tard dans la vie d'un enfant. Parfois, nous ne connaissons pas la cause réelle de la PC, mais ce qui suit donne un aperçu de causes possibles.

Avant la naissance
Certaines personnes se demandent comment un enfant peut devenir handicapé avant de naître. Cependant, le cerveau commence à se développer quand le bébé est encore dans le ventre de sa mère ; par conséquent, une femme enceinte doit surveiller sa grossesse avec soin. Les causes de PC peuvent être une maladie grave chez la femme enceinte, telle que la rougeole ; la consommation excessive d'alcool et de drogues peut aussi causer la PC. Certains médicaments sont nocifs s'ils sont pris en début de grossesse. Il est donc important que la femme enceinte ne prenne que les médicaments recommandés par les professionnels de la santé, tant pour sa sécurité que pour celle de son bébé à naître. En outre, tout accident affectant le ventre de la femme enceinte, y compris une chute grave ou des coups, peut entraîner des blessures à la tête chez le fœtus.

Lors de la naissance
Comme indiqué plus haut, le manque d'oxygène dans le cerveau du bébé lors d'un accouchement difficile est une cause fréquente de PC. Un accouchement dans un environnement à risque peut causer des blessures à la tête du bébé lors de la naissance ; par exemple, les bébés peuvent se cogner la tête sur une surface dure ou être extraits de l'utérus par une méthode dangereuse. Un accouchement difficile est plus fréquent chez les jeunes mères dont les organes reproducteurs ne sont pas encore matures.

Après la naissance
Les infections cérébrales telles que la méningite ou le paludisme cérébral peuvent provoquer des lésions au cerveau chez le bébé. La PC peut également survenir à tout âge à la suite de graves blessures à la tête ; une tumeur cérébrale peut également causer des dommages au cerveau.

Les bébés prématurés courent un risque élevé de contracter la PC, car leurs organes ne sont pas assez développés ; ils peuvent avoir des difficultés respiratoires, ce qui les expose fortement au manque d'oxygène dans le cerveau après la naissance, conduisant à de sérieuses lésions cérébrales. Donner naissance à des jumeaux est un autre facteur de risque de PC. Accoucher très jeune (à moins de 18 ans), ou trop âgée (à plus de 40 ans), est aussi un facteur de risque. Un bébé de faible poids à la naissance (moins d'1 kg) est également plus exposé au danger de contracter la maladie.

Y a-t-il seulement un type de paralysie cérébrale ?

Il existe trois types principaux de PC. Nous allons en examiner deux. L'important, toutefois, ce ne sont pas les noms, mais la manière dont l'enfant est affecté.

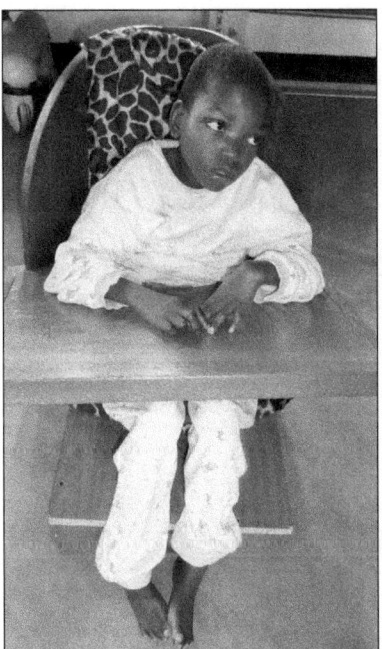

Figure 2.2. Tout le corps d'Israël est touché par la PC.
Photo ©Bridget Hathaway

La paralysie cérébrale spastique

La PC spastique est le type courant de PC qui provoque la raideur musculaire dans les membres. De nombreux enfants atteints de PC spastique ont des problèmes de mobilité en raison de spasmes musculaires soudains et incontrôlés.

En outre, certains enfants atteints de PC spastique ont des problèmes de vision et d'épilepsie. Elle peut aussi s'accompagner de dysfonctionnements intellectuels.

La PC affecte différentes parties du corps selon sa gravité et en fonction de la partie du cerveau touchée. Elle peut affecter les mouvements musculaires d'un seul côté du corps (hémiplégie), ou seulement les membres inférieurs (diplégie) ou tout le corps (tétraplégie). Lorsque l'ensemble du corps est touché, il est souvent difficile pour un enfant de rester debout sans soutien.

La paralysie cérébrale athétoïde

Les enfants atteints de PC athétoïde ont des difficultés à contrôler les mouvements de leur corps. La maladie provoque des mouvements involontaires et incontrôlés des bras, des jambes, des mains et du visage.

Figure 2.3. Cet enfant est atteint de PC athétoïde.
Photo ©Flavian Kishekwa

Les mouvements s'aggravent souvent lorsque les enfants essaient de dire ou faire quelque chose, ou quand ils sont énervés ou excités. En règle générale, ces mouvements incontrôlés nuisent aux performances d'un individu lorsqu'il marche, s'assied, déglutit ou même quand il parle. Il convient de noter que les enfants atteints de PC athétoïde ont généralement une bonne compréhension, comme les autres enfants ; ce n'est pas parce qu'ils ne peuvent pas bien parler qu'ils ne comprennent pas. Les enfants atteints de PC athétoïde devraient avoir la possibilité d'être scolarisés dans une école ordinaire ou spéciale où ils seraient susceptibles de réussir.

Spina-bifida

Le spina-bifida signifie « fente dans la colonne vertébrale », ou nous pourrions aussi dire « épine fendue en deux ». C'est une anomalie congénitale qui survient quelques semaines après la conception, au cours de laquelle les tissus qui se réunissent pour former le tube où se trouve la moelle épinière ne se soudent pas bien. Cela permet au nerf d'émerger de la sécurité de la vertèbre. Lorsqu'un nerf est exposé de cette manière, il est facilement endommagé et ne peut plus transmettre les messages du cerveau aux différentes parties du corps. Il en résulte une paralysie dans la partie postérieure à la section affectée de la colonne vertébrale.

Les conséquences du spina-bifida varient en fonction du type de malformation, de sa taille et de l'endroit où elle se situe. Les enfants atteints de spina-bifida peuvent présenter une paralysie partielle ou parfois totale des membres inférieurs, ce qui affecte le contrôle de la vessie et de l'intestin. Ils souffrent souvent d'hydrocéphalie, c'est-à-dire que le liquide cérébral n'arrive pas à s'écouler, ce qui entraîne un élargissement anormal de la tête (voir la figure 2.6). C'est un état dangereux qui nécessite des soins médicaux immédiats.

Le spina-bifida est une malformation grave, car il affecte la colonne vertébrale. Si l'on soupçonne l'existence d'un spina-bifida, le nouveau-né doit immédiatement être envoyé dans un centre spécialisé. La fente dans la colonne vertébrale laisse le nerf principal à découvert, ce qui augmente le risque d'infection. Cette infection pourrait ensuite être transmise au cerveau, ce qui entraîne généralement la mort.

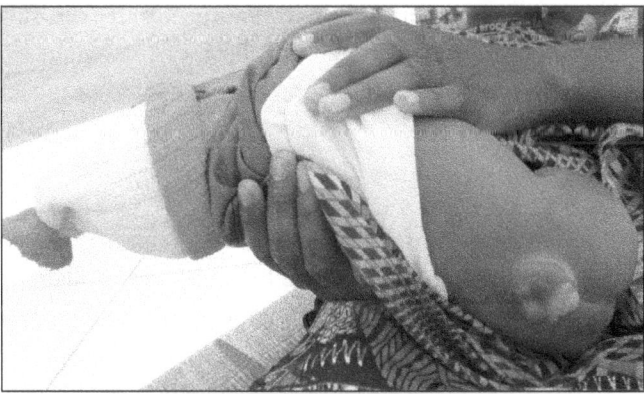

Figure 2.4. Un nouveau-né présentant un spina-bifida.
Photo ©Bridget Hathaway

Quelle est la cause du spina-bifida ?

La cause du spina-bifida est encore un mystère ; certains suggèrent que cette malformation pourrait être liée à la génétique ou à des facteurs environnementaux, mais pour le moment, personne n'en est certain. On ne peut pas prévenir complètement le spina-bifida, mais les médecins savent que prendre de l'acide folique juste avant une grossesse et au cours des douze premières semaines peut réduire le risque de cette malformation. Il est donc important de prendre de l'acide folique en début de grossesse. En tant que pasteurs, conseillez aux jeunes femmes de vos congrégations de prendre de l'acide folique lorsqu'elles sont enceintes ; cela peut éviter que des enfants ne naissent avec le spina-bifida.

Il est important de gérer correctement cette malformation. Dans la plupart des cas, la chirurgie est efficace. Malheureusement, tous les médecins ne sont pas capables d'opérer le spina-bifida. Il faut des spécialistes, que l'on ne trouve normalement que dans les hôpitaux spécialisés. Ce qui est important, c'est que le bébé soit opéré dans les premiers jours après sa naissance ; chaque jour sans traitement fait courir un risque à la vie du bébé. Nous n'en dirons pas plus sur la manière de gérer le problème ; cette introduction au spina-bifida est suffisante pour vous aider à mieux comprendre la malformation en question.

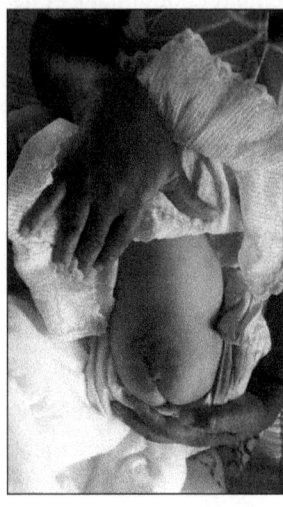

Figure 2.5. Le même nouveau-né après la chirurgie.
Photo ©Flourian Protase. Reproduite avec autorisation.

L'hydrocéphalie

Hydrocéphalie signifie simplement « de l'eau au niveau du cerveau ». Lorsque vous voyez un enfant avec une très grosse tête, cela peut vous faire un choc. Mais n'ayez pas peur : la taille de la tête est due au fait qu'il y a beaucoup de liquide dans le cerveau, ce qui provoque le gonflement. Si la maladie n'est pas bien traitée très tôt, elle peut affecter le développement physique et intellectuel de l'enfant. Comme indiqué plus haut, l'hydrocéphalie peut également être une conséquence du spina-bifida.

La fonction normale du liquide dans le cerveau

Le cerveau est compliqué ! Tout le monde a du liquide dans la tête. Ce liquide remplit diverses fonctions, notamment celles d'empêcher le cerveau de se dessécher, de le nourrir de certains nutriments et d'éliminer ses déchets. En outre, le fluide agit comme un amortisseur pour empêcher le cerveau de souffrir des secousses et des chocs. Cependant, ce liquide doit avoir une proportion équilibrée : ni trop, ni trop peu. Il circule constamment autour du cerveau ; il y entre puis en sort en se faisant absorber par les vaisseaux sanguins.

Pourquoi la tête devient-elle si volumineuse ?

La plupart des cas d'hydrocéphalie ou de « grosse tête » surviennent chez les bébés, bien que les jeunes adultes puissent également en être atteints. Comme nous l'avons dit, le liquide devrait circuler à l'intérieur de la tête. Parfois, il y a une obstruction et le liquide ne peut pas s'écouler normalement du cerveau, mais il y entre quand même. Ce problème peut être causé par une incapacité des vaisseaux sanguins à absorber les fluides ou par une production excessive de fluides dans le cerveau. La quantité excessive de liquide met trop de pression sur le cerveau et cette pression provoque un gonflement de la tête.

En général, l'hydrocéphalie se produit avant la naissance, alors que le bébé est encore dans l'utérus, mais elle est normalement identifiée pendant ou après la naissance. Il se peut que le bébé ait eu des saignements au cerveau pendant qu'il était dans l'utérus ou que la mère ait souffert d'une infection. Cela peut aussi arriver plus tard dans la vie à la suite d'une blessure grave à la tête ou d'une infection telle que la méningite. Mais dans de nombreux cas, nous ne savons pas pourquoi cela se produit.

Ce qu'il est important de comprendre, c'est ceci :

L'hydrocéphalie n'est pas un esprit maléfique ; l'enfant n'est pas l'objet d'un mauvais sort ; ce n'est pas une punition. C'est simplement que le liquide supplémentaire ne peut aller nulle part, alors la tête devient trop grosse.

Comment reconnaître un enfant atteint d'hydrocéphalie ?

Il est assez facile de reconnaître un enfant atteint d'hydrocéphalie parce qu'il a une tête anormalement grosse, en particulier de part et d'autre au-dessus des oreilles et au-dessus du front.

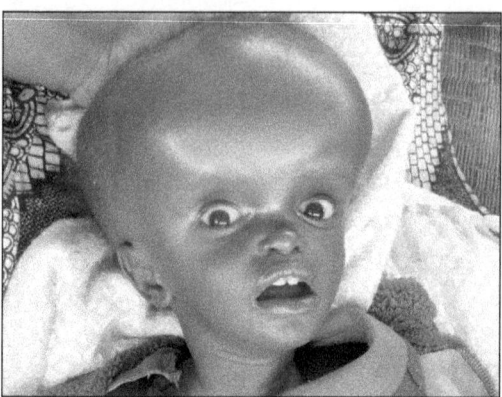

*Figure 2.6. Un jeune enfant atteint d'hydrocéphalie.
Photo ©Bridget Hathaway*

La tête grossit assez rapidement. On peut sentir le fluide entre les « articulations » du crâne : du front vers l'arrière du crâne. Les yeux ressemblent à un soleil couchant, c'est-à-dire que la pupille est basse. L'enfant peut avoir des crises d'épilepsie, vomir beaucoup, somnoler, être incapable de marcher ou de garder son équilibre ou souffrir de graves maux de tête. Il ou elle peut avoir des problèmes de vue.

Quel est le traitement pour l'hydrocéphalie ?

L'enfant à grosse tête devra être examiné par un médecin spécialiste, qui l'opérera probablement. Le médecin introduira un minuscule tube de plastique dans le cerveau qui drainera le liquide du cerveau vers le corps, où le liquide sera absorbé naturellement. Ce tube s'appelle un « shunt » ou une dérivation.

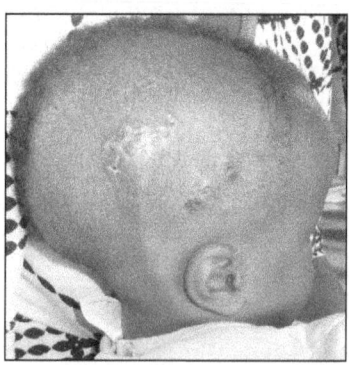

*Figure 2.7. Un enfant après l'intervention pour implanter le tube.
Photo ©Bridget Hathaway*

Le tube a une valve qui empêche le liquide de s'écouler dans le mauvais sens et de retourner vers le cerveau. La taille de la tête se réduira, bien que cela dépende de l'âge auquel l'enfant est opéré. Il est préférable d'opérer dès le plus jeune âge. N'utilisez pas de médicaments non prescrits par le médecin pour traiter l'enfant ; cela peut lui causer des douleurs et des souffrances et peut entraîner des brûlures à la tête, comme vous pouvez le constater sur la photo.

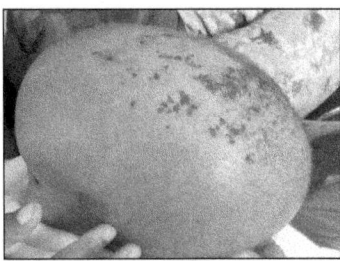

Figure 2.8. Brûlures sur le crâne résultant de l'utilisation de médicaments non prescrits par le médecin.
Photo ©Bridget Hathaway

Fente labiale et palatine

Qu'est-ce qu'une fente labiale ?

Fente signifie « division » ou « séparation ». Par conséquent, une fente labiale se définit lorsqu'une partie de la lèvre est séparée ou fendue.

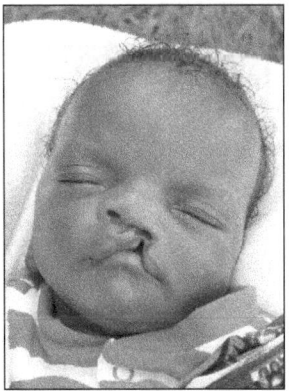

Figure 2.9. Fente labiale chez un nourrisson.
Photo ©Bridget Hathaway

C'est une anomalie congénitale. Au début de la grossesse, différentes zones du visage se développent individuellement, puis se rejoignent ; la lèvre se forme à ce stade. Si elle ne se forme pas correctement, il en résulte une fente ou une rupture dans la lèvre. Il peut s'agir d'une petite division dans la partie colorée de la lèvre ou d'une rupture complète d'un ou des deux côtés de la lèvre. L'ouverture apparaît dans la lèvre supérieure entre la bouche et le nez et s'étend parfois jusque dans les narines. Les enfants ayant une fente labiale peuvent également avoir une fente palatine.

Qu'est-ce qu'une fente palatine ?

Si vous passez votre langue sur votre palais, vous sentirez que c'est une pièce complète. Le terme fente palatine est utilisé lorsque le palais ne s'est pas complètement joint pendant la grossesse. Une fente palatine peut varier d'une simple ouverture à l'arrière de la bouche à une rupture presque complète du palais.

Les enfants avec une fente labiale et palatine se heurtent à plusieurs difficultés. Il est très difficile pour le bébé de téter, comme il peut être difficile de le nourrir avec une cuillère. Les enfants souffrant de fente palatine ont des difficultés à manger et auront des problèmes d'élocution, en raison de la fente dans la lèvre et le palais. Les enfants qui ont une fente labiale peuvent être timides, avoir peur de rencontrer des gens et être très tristes, en particulier les filles, car elles ne peuvent pas cacher la difformité de leur visage. La famille peut être très contrariée et il arrive qu'un mari blâme sa femme et la quitte pour prendre une autre épouse. Dans certains cas, la famille ne s'occupera pas de l'enfant, espérant qu'il ou elle mourra.

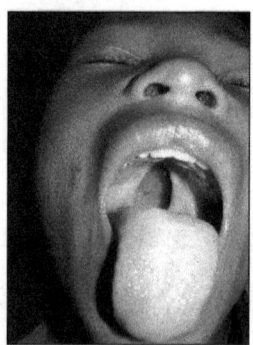

Figure 2.10. L'ouverture dans le palais ; une fente palatine.
Photo ©Bridget Hathaway

Qu'est-ce qui cause la fente labiale et palatine ?

Nous savons *ce qui se passe*, mais nous ne savons pas exactement *pourquoi* la lèvre ou le palais ne se forment pas correctement. Ce pourrait être quelque chose hérité des parents. Tout comme nous héritons de la forme de nos visages ou de notre taille, un bébé peut hériter d'une fente labiale et palatine. Cela ne signifie pas nécessairement que l'un des parents a une fente labiale, mais qu'ils l'avaient dans leurs gènes. Comme pour les autres handicaps, certaines actions pendant la grossesse peuvent être des facteurs contribuant à la fente labiale et palatine ; ces actions incluent le tabagisme et la prise de médicaments nocifs non recommandés aux femmes enceintes.

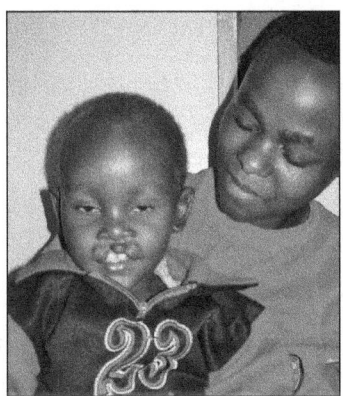

Figure 2.11. Deus avant l'intervention chirurgicale.
Photo ©Bridget Hathaway

Quel est le traitement pour la fente labiale et palatine ?

Les fentes labiale et palatine peuvent être arrangées par une intervention chirurgicale et le résultat est généralement très bon.

L'intervention peut être pratiquée à tout moment, mais il est important que l'opération soit effectuée le plus tôt possible, quand l'enfant est jeune, afin que son apprentissage linguistique ne soit pas retardé. Les enfants avec une fente labiale et palatine n'ont aucun problème de cerveau. Ils peuvent aller à l'école et apprendre comme les autres enfants.

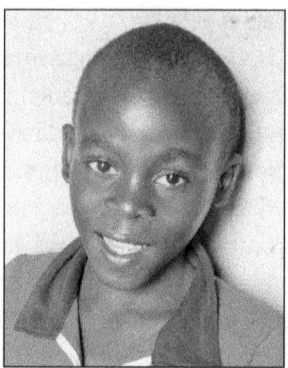

*Figure 2.12. Deus, quelques années après l'intervention chirurgicale.
Photo ©Bridget Hathaway*

La fente labiale et palatine n'est pas causée par un péché dans la vie de la mère, par un mauvais sort jeté sur l'enfant ou par des médisances de la mère sur quelqu'un. Ce n'est la faute de personne.

Le pied-bot

Qu'est-ce que le pied-bot ?

Le pied-bot est une malformation dans laquelle l'un ou les deux pieds sont tournés vers l'intérieur, ce qui amène l'enfant à marcher sur la tranche extérieure du pied avec la plante du pied tournée vers l'intérieur et le haut.

Bien que le pied-bot soit souvent un handicap isolé, il s'agit parfois d'une complication du spina-bifida ou de la paralysie cérébrale. C'est une anomalie congénitale qui peut se produire pour un pied ou les deux.

Quelles sont les causes du pied-bot ?

La cause en est inconnue, bien qu'il soit suggéré que le ou les pieds soient positionnés de cette façon dans l'utérus. Cependant, bien que nous ne sachions pas pourquoi le pied-bot se produit, nous devrions comprendre que cela n'est pas causé par une malédiction ni par un esprit maléfique.

Le handicap physique 23

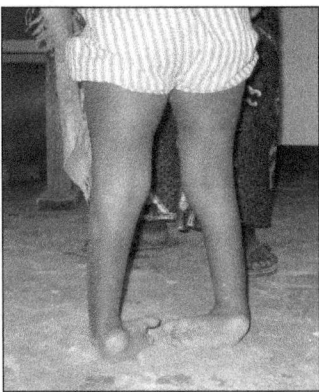

Figure 2.13. Un enfant plus âgé avec des pieds-bots.
Photo ©Bridget Hathaway

Quel est le traitement pour un enfant souffrant de pied-bot ?

Les enfants avec un pied-bot doivent être identifiés et traités le plus tôt possible, car dans l'enfance, les os sont encore tendres et souples et ils répondent bien au traitement. Pour un enfant, le traitement du pied-bot peut être effectué sans trop de douleur, alors que les adultes en souffriront et leurs activités en seront affectées. Les établissements de santé locaux ou les agents de rééducation peuvent conseiller les parents sur le meilleur endroit pour le traitement de leur enfant. Quand un enfant commence le traitement, il faut encourager les parents à être patients car cela prendra beaucoup de temps et impliquera plusieurs visites à l'hôpital. Il est très important que l'enfant soit suivi de près pour veiller à ce qu'il respecte toutes les instructions et aille à tous les rendez-vous avec le médecin, car le pied risque de récidiver et de revenir à sa position d'origine. Si cela se produit, il faudra une autre intervention chirurgicale et elle sera plus difficile à réaliser.

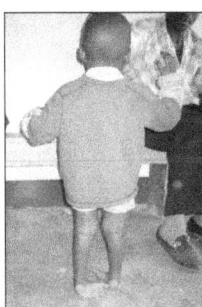 

Figure 2.14. Stavius avant et après la chirurgie.
Photo ©Bridget Hathaway

En résumé

En donnant des explications sur certaines déficiences, nous pouvons éclairer les faits, éliminant ainsi le malentendu entourant l'origine des situations de handicap. Lorsque nous commençons à comprendre un peu plus le corps et son fonctionnement, les craintes relatives aux corps humains qui présentent des différences s'apaisent. Lorsque nous-mêmes comprenons, nous pouvons conforter ceux qui nous entourent dans l'assurance que le péché et les mauvais esprits ne sont pas la cause du handicap, ouvrant ainsi la voie à l'accueil de tout le monde dans la famille chrétienne – aussi bien les personnes valides que celles qui ont un handicap.

3

La déficience intellectuelle

Commençons par les questions que vous pourriez vous poser lorsque vous rencontrez un enfant ou un adulte ayant une déficience intellectuelle : « Le comportement d'Ibrahim est très étrange. A-t-il un mauvais esprit en lui ? Pourquoi rit-il ainsi et pourquoi fait-il des choses surprenantes ? »

La déficience intellectuelle est souvent la moins bien comprise de tous les handicaps, et les enfants qui ont des difficultés à apprendre comme les autres risquent de souffrir de négligence et d'abus. Quelle en est la raison ? C'est peut-être parce que nous nous attendons à certaines réponses et codes de comportement de la part de nos semblables. Par exemple, si quelqu'un vous dit : « Ma mère est à l'hôpital, elle est très malade – elle peut mourir », votre réponse normale serait de faire preuve d'empathie et de dire à quel point vous êtes désolé. Une personne ayant une déficience intellectuelle peut ne pas comprendre les mots prononcés ou la gravité de la situation ; cette personne pourrait même rire parce qu'elle est heureuse de vous voir. Vous pouvez alors penser que la personne a un mauvais esprit et rit de l'infortune des autres. Cela est un exemple de la façon dont un manque de compréhension provoque une réaction inadéquate. Il est important de s'en souvenir tout au long de ce chapitre.

Quelles sont les causes de la déficience intellectuelle ?

Il n'y a pas de réponse rapide à cette question, nous présenterons donc ici certaines des causes possibles de la déficience intellectuelle.

Bien souvent, il s'agit d'un mélange complexe de déficiences ; par exemple, dans la paralysie cérébrale spastique modérée à sévère, il peut y avoir un mélange de déficiences physiques et intellectuelles associées à de l'épilepsie. La paralysie cérébrale est souvent le résultat d'une naissance difficile, du fait que le nouveau-né a manqué d'oxygène, ce qui a causé des lésions cérébrales.

Parfois, les enfants sont tout à fait normaux, à part une certaine difficulté d'apprentissage par rapport aux autres enfants de leur âge. Leur déficience peut être causée par une maladie de la mère lors de la grossesse, telle que la rubéole, ou par le fait que leur mère a pris un médicament nocif et non prescrit par le médecin durant la grossesse.

La consommation excessive d'alcool lors de la grossesse et l'usage de drogues illicites telles que la marijuana peuvent nuire au développement du fœtus.

Certains types de déficience intellectuelle sont d'origine génétique. Par exemple, le syndrome de Down[1] est une maladie génétique qui entraîne un certain degré de déficience intellectuelle et un ensemble particulier de caractéristiques physiques. Ces caractéristiques sont plus ou moins présentes chez tous les enfants atteints du syndrome de Down.

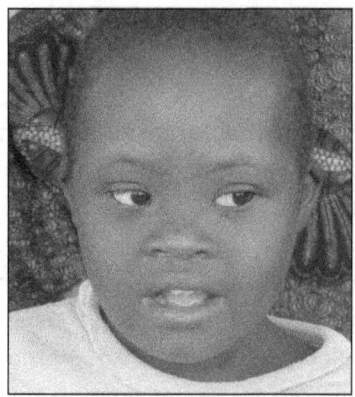

Figure 3.1. Un écolier atteint du syndrome de Down.
Photo ©Bridget Hathaway

Souvent, les enfants auront des yeux louchant légèrement vers le haut, un cou plus épais que les autres enfants et une stature plus petite. Il peut aussi y avoir des troubles de la parole et de l'audition. Les personnes atteintes du syndrome de Down sont généralement très sociables, aiment se faire des amis et montrer leur affection par des câlins.

Le syndrome de Down est dû à la présence d'un chromosome surnuméraire 21, qui, normalement, n'est pas présent chez les autres enfants. *Ce n'est pas la faute de la mère ou du père ; cela se produit occasionnellement à la conception du bébé.*

---

1. N.D.T. : Également appelé trisomie 21.

L'autisme

L'autisme est un autre type de déficience intellectuelle. Il est difficile à cataloguer car certaines personnes autistes ont une intelligence élevée, alors que d'autres trouvent le processus d'apprentissage normal très déroutant. La caractéristique commune de l'autisme réside dans les différences de comportement par rapport à la norme sociale. Une autre caractéristique importante est la difficulté d'établir des relations, ainsi qu'une hypersensibilité au son et à la couleur.

Parfois, les personnes atteintes d'autisme se comportent de telle manière que les gens disent : « Elles sont possédées par un démon. » Mais leur comportement ne signifie pas qu'elles sont possédées par un démon. La vérité est qu'une personne autiste voit le monde d'une manière bien différente de la nôtre. Peut-être devrions-nous nous poser la question suivante : pouvons-nous vraiment juger si une personne est possédée si nous ne comprenons pas les causes des déficiences ? Parfois, les enfants autistes ont de graves problèmes de communication verbale, mais ils sont très intelligents. Allons-nous extraire le démon de cet enfant, dont le seul tort est de voir le monde d'une manière différente de nous ? Dieu se réjouirait-il de telles actions ? Dans Matthieu 18, quand on a posé des questions à Jésus sur la grandeur de l'homme, voici comment il a répondu :

> Jésus appela un petit enfant, le plaça au milieu d'eux et dit : « Je vous le dis en vérité, si vous ne vous convertissez pas et si vous ne devenez pas comme les petits enfants, vous n'entrerez pas dans le royaume des cieux. C'est pourquoi, celui qui se rendra humble comme ce petit enfant sera le plus grand dans le royaume des cieux, et celui qui accueille en mon nom un petit enfant comme celui-ci m'accueille moi-même. » (Mt 18.2-5)

Le retard de développement

Certains enfants ont un retard de développement ; il existe différentes causes pour ce retard. Bien qu'il puisse y avoir un élément génétique ou la présence d'un syndrome rare, c'est plus souvent le résultat d'un environnement médiocre caractérisé par une nutrition inadéquate ou même une malnutrition au cours des premières années de développement.

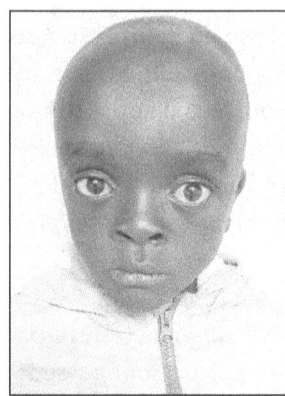

Figure 3.2. Cet enfant a une déficience intellectuelle héréditaire.
Photo ©Bridget Hathaway

Un cerveau en développement a besoin d'une alimentation équilibrée pour permettre aux cellules de se développer et de mûrir. Une mauvaise alimentation constante associée à un grave manque de stimulation dans l'environnement familial peut entraîner des lésions cérébrales permanentes.

Bien que nous ayons donné diverses causes de déficience intellectuelle, dans bien des cas nous en ignorons la cause. Cela peut sembler difficile à accepter, mais le cadeau d'un enfant est en soi un don que Dieu nous demande d'accepter.

La vulnérabilité des personnes ayant une déficience intellectuelle

Les enfants et les jeunes ayant une déficience intellectuelle sont souvent très exposés aux abus. Ils sont très confiants envers les adultes et n'ont pas toujours la perspicacité de comprendre que d'autres peuvent avoir des motivations préjudiciables dans leurs relations avec eux. Malheureusement, il n'est pas rare que le viol et les abus sexuels aient lieu à l'encontre de filles et de jeunes femmes présentant une déficience intellectuelle, entraînant des grossesses que les jeunes femmes peuvent avoir du mal à gérer, avec des bébés dont elles ont bien du mal à s'occuper. Dans de nombreux cas, ces bébés sont pris en charge par des membres de la famille. Parfois, le viol a lieu à cause de croyances locales concernant les rapports sexuels avec des femmes handicapées. Cela est abordé au chapitre 6. Les jeunes femmes atteintes de trisomie 21 bénéficient souvent de l'attention de leurs amis masculins et sont capables de flirter avec les hommes sans se rendre compte des conséquences. Il est de la plus haute importance d'apprendre à ces jeunes femmes à rester en sécurité, à bien s'habiller mais sans attirer une attention déplacée, à distinguer un bon contact physique d'un mauvais, et à refuser les offres inattendues de raccompagnement en voiture ou à moto. Si une famille a une jeune femme qui a une compréhension limitée, il est souvent utile d'en parler à un médecin ou à la clinique de planning familial pour obtenir des conseils sur la meilleure façon de la protéger.

Les garçons et les jeunes hommes peuvent également être victimes d'abus, mais pas nécessairement de nature sexuelle. On peut leur donner un travail manuel pénible pour lequel on leur promet de les rémunérer, mais ensuite ils ne sont pas payés ou ne reçoivent que de la nourriture en guise de rémunération. Malachie 3.5 dit : « Je m'approcherai de vous pour le jugement, et je m'empresserai de témoigner contre les magiciens et les adultères, contre ceux qui prêtent de faux serments, contre ceux qui exploitent le salarié, qui oppriment la veuve et l'orphelin, qui font tort à l'étranger et ne me craignent pas, dit l'Éternel, le maître de l'univers. » Les personnes handicapées ont autant droit que quiconque à un salaire équitable pour leur travail, comme nous le lisons dans ce verset.

Les enfants ayant une déficience intellectuelle ont droit à l'éducation, comme tous les autres enfants, comme convenu dans les articles 23, 28 et 29 de la Convention des Nations Unies relative aux droits de l'enfant[2]. Un seul des États membres de l'ONU n'a pas ratifié la signature de la Convention, ce sont les États-Unis[3]. La scolarité classique peut ne pas convenir à certains enfants, mais la plupart des enfants présentant une déficience intellectuelle bénéficieront grandement de l'inclusion dans l'enseignement ordinaire ou dans une école spéciale répondant à leurs besoins particuliers. Si vous, pasteurs, pouvez défendre les droits de ces enfants et de leurs familles en matière d'éducation, cela pourrait ouvrir la porte aux enfants afin qu'ils développent suffisamment de compétences pour trouver un emploi lorsqu'ils grandiront. Les jeunes ayant une déficience intellectuelle peuvent acquérir des compétences utiles dans des emplois simples, tels que la préparation de légumes dans un restaurant, le ménage, la garde de chèvres et les travaux artisanaux. Nous devrions rechercher des opportunités positives pour ces jeunes, plutôt que de nous lamenter en disant : « Ils ne peuvent pas travailler. »

---

2. Convention des Nations Unies relative aux droits de l'enfant, 2 septembre 1990, consulté le 3 mars 2020, https://www.ohchr.org/fr/professionalinterest/pages/crc.aspx.
3. UNICEF, « Foire aux questions : La Convention relative aux droits de l'enfant », consulté le 4 mars 2020, https://www.unicef.org/fr/convention-droits-enfant/foire-aux-questions.

En résumé

Dieu a créé chaque personne à son image. Nous lisons cela dans Genèse 1.26-27. Vous pensez peut-être que les personnes ayant une déficience intellectuelle ne peuvent pas avoir été créées à l'image de Dieu ; nous examinerons cela plus en détail au chapitre 8. Les personnes ayant une déficience intellectuelle ont souvent leur propre manière de faire l'expérience du Christ ; il y a une grande joie à voir un jeune ayant une déficience intellectuelle louer Dieu sans jamais douter que Jésus est le Fils de Dieu. Ces personnes peuvent ne pas avoir le même degré de compréhension que nous, mais Dieu parle à leur esprit ; il les connaît et les comprend. Nous aussi, nous devrions les accepter dans nos églises.

4

La déficience sensorielle

Les déficiences sensorielles affectent les fonctions des sens humains : l'ouïe, la vue, l'odorat, le toucher et le goût. Les gens recueillent généralement les informations du monde en entendant et en voyant ; par conséquent, si l'un des organes responsables de la collecte et de l'interprétation des informations est affecté, l'interaction de l'individu avec le monde environnant diminue. Dans ce chapitre, nous examinerons les déficiences visuelles et auditives en tant que types majeurs d'invalidité sensorielle.

Qu'est-ce que la déficience visuelle ?

Le terme « déficience visuelle » englobe tous les degrés de perte de vision. Cela peut être léger ou grave, voire une cécité totale. Les déficiences visuelles peuvent être classées en deux catégories principales : la cécité et la malvoyance (ou basse vision). Le terme « cécité » pourrait signifier ne rien voir du tout ; cependant, dans certains cas, il peut y avoir une certaine perception de la lumière et de l'obscurité. Certaines personnes peuvent avoir quelque vision, mais pas une vision fonctionnelle. Cela signifie qu'ils peuvent voir le contour d'un objet mais ne peuvent pas l'identifier.

De nombreux spécialistes de la vue s'accordent à dire que le terme « malvoyance » désigne une réduction permanente de la vue qui ne peut être corrigée par une intervention médicale ou par des lunettes, bien que celles-ci puissent légèrement améliorer la vue. Cela signifie souvent que les tâches quotidiennes sont difficiles voire impossibles à accomplir sans assistance.

Comment identifier une déficience visuelle chez une personne

Les déficiences visuelles doivent être identifiées le plus tôt possible afin que la famille puisse recevoir de l'aide pour s'adapter à la situation. Une identification précoce est possible si les parents sont attentifs au développement de leur enfant. Vous êtes-vous déjà demandé pourquoi un enfant ne fait pas les choses comme les autres ? Par exemple, à l'âge de trois mois, si les enfants sont incapables de suivre un objet coloré ou une lueur qui se déplace devant eux, ou s'ils tardent à utiliser leurs mains, ou ne se déplacent pas comme les autres enfants, ou encore se cognent souvent, cela peut indiquer un problème de vue. Si l'enfant ne peut pas lire les mots au tableau ou les petits caractères imprimés dans un livre quand il commence l'école, cela peut indiquer des problèmes de vue. Si vous observez certains de ces signes chez une personne, conseillez-lui de se rendre au service ophtalmologique d'un hôpital.

Quelles sont les causes de la cécité et de la malvoyance ?

Il existe de nombreuses causes de cécité et de basse vision, mais nous n'en décrirons ici que quelques-unes. Avant de discuter des causes, il est important de savoir que la déficience visuelle peut survenir à tout moment de la vie. Des maladies telles que la rougeole et les maladies sexuellement transmissibles (MST) peuvent affecter les organes responsables de la vue. Si une femme enceinte souffre de ces maladies, elle peut donner naissance à un enfant malvoyant. Les maladies des yeux telles que le glaucome et les cataractes entraînent également une déficience visuelle, et sont plus courantes chez les personnes âgées.

Figure 4.1. Test de la vue d'une personne âgée dans une clinique de village.
Photo ©Bridget Hathaway

Les personnes diabétiques courent un risque élevé d'avoir des problèmes de vue. Les blessures causées par des objets tranchants pénétrant dans l'œil sont une autre cause de déficience visuelle. Recourir à des médicaments non prescrits par le médecin pour le traitement des yeux est extrêmement dangereux et peut provoquer la cécité. La malnutrition chez les femmes enceintes peut nuire au développement du fœtus et entraîner des déficiences visuelles chez l'enfant à naître. Un manque de vitamine A dans le régime alimentaire peut provoquer une « cécité nocturne », qui caractérise une personne qui, la nuit, ne peut pas voir. La vitamine A est présente dans les fruits et les légumes de couleur jaune et orangée, tels que les carottes, la papaye et les mangues. Il existe également des cas de déficience visuelle héréditaire, mais ce n'est pas courant.

Les défis posés par la déficience visuelle et la manière de les minimiser

Les personnes malvoyantes font face à de nombreux défis aux niveaux social, économique et environnemental. Par exemple, une personne aveugle peut avoir des difficultés à participer à certaines activités, telles que des événements sportifs ou sociaux. Si la société n'est pas consciente de la déficience visuelle, les personnes atteintes de ce type de handicap pourraient se voir dénier leurs droits, notamment le droit à l'éducation, au mariage et à la famille ainsi qu'à la succession. La mobilité est un autre défi pour les personnes malvoyantes. Elle est rendue difficile dans un environnement rural africain où le terrain est souvent accidenté, mais aussi dans une ville où il y a beaucoup de véhicules et de dangers. Les personnes malvoyantes doivent se familiariser avec l'environnement qui les entoure et s'exercer à utiliser tout équipement de la maison ou du terrain avoisinant. Il est très important de laisser les passerelles dégagées et de garder tout le matériel au même endroit pour éviter les blessures.

Lorsque vous rencontrez une personne malvoyante, la communication positive est très importante ; par exemple, assurez-vous de vous présenter et de présenter toutes les autres personnes qui sont là. Lorsque vous guidez une personne malvoyante, donnez des explications et une description claire de votre localisation, du but à atteindre et des obstacles éventuels. Ne laissez jamais les personnes aveugles seules dans un espace libre ; assurez-vous au moins de les laisser près d'un mur ou d'une porte. Lorsque vous rencontrez des personnes malvoyantes qui n'ont jamais consulté de médecin, encouragez-les à consulter un ophtalmologiste pour un examen et un soutien appropriés. Découragez systématiquement l'utilisation de médicaments non prescrits par un médecin, qui peuvent gravement endommager la vue et conduire à la cécité.

*Figure 4.2. Elieth étudie à l'école secondaire. Elle a perdu la
vue en raison de l'utilisation de médicaments non prescrits par le médecin.
Photo ©Bridget Hathaway*

La déficience visuelle n'affecte pas la capacité intellectuelle d'un individu ; encouragez donc les parents à amener leurs enfants malvoyants à l'école ou plaidez en leur nom auprès du service local de l'éducation pour leur droit à une éducation spécialisée.

La déficience auditive

La déficience auditive couvre différents niveaux de perte de l'audition, allant de légère à profonde. Cela signifie qu'une personne ayant une déficience auditive peut ne rien entendre du tout ou seulement partiellement. Les personnes malentendantes peuvent avoir des difficultés à comprendre et à interpréter la parole ; certaines peuvent avoir besoin d'un appareil auditif pour améliorer leur capacité auditive, tandis que d'autres peuvent ne pas entendre du tout, même si elles utilisent un appareil auditif. Les personnes qui n'entendent rien sont considérées comme sourdes. Les personnes nées sourdes auront également des difficultés à parler car elles n'ont jamais entendu quelqu'un parler. Les personnes qui perdent l'audition après avoir acquis la langue parlée peuvent être capables de communiquer oralement, mais avec des limites. Cela dépendra de la gravité ou du niveau de la perte auditive, et elles risquent de ne pas livrer un discours clair. Parfois, elles ont du mal à contrôler l'intensité de leur voix. Dans certains cas de perte auditive, les personnes ont de la difficulté à entendre quand il y a trop de bruit autour d'elles.

La déficience sensorielle   35

Quelles sont les causes de la déficience auditive ?

Une déficience auditive, comme d'autres déficiences ou incapacités, peut survenir avant la naissance, lors de la naissance ou après la naissance. Les anomalies génétiques dans l'oreille peuvent affecter le développement correct des parties de l'oreille qui favorisent l'audition. Les blessures à l'oreille ou à la tête peuvent endommager l'oreille elle-même, le cerveau ou les nerfs responsables de l'audition. D'autres blessures peuvent survenir à la naissance si l'accouchement est difficile ou a lieu dans un environnement à risque. Certains bébés naissent avec une déficience auditive due à des infections ou à des maladies que la mère a eues pendant sa grossesse et qui pourraient avoir affecté le développement de l'oreille interne. Il est très important que les femmes enceintes soient bien nourries car cela contribue au développement du fœtus ; une mauvaise nutrition peut entraver le développement du bébé à naître. Les bébés prématurés courent un risque élevé de déficience auditive car leurs organes sont immatures et peuvent être facilement endommagés. Certaines infections et maladies, si elles ne sont pas bien traitées, peuvent entraîner une déficience auditive ; la rougeole, la varicelle et la méningite en sont des exemples. Les otites chroniques peuvent endommager la structure de l'oreille interne et entraîner une perte d'audition. Certains médicaments et herbes peuvent être nocifs pour l'oreille ; il est donc recommandé de demander conseil à votre médecin avant de prendre un médicament pour soulager vos problèmes d'audition. En vieillissant, chaque partie de notre corps vieillit aussi ; par conséquent, la vieillesse augmente le risque de perte d'audition. Un bruit excessif, qu'il se produise soudainement ou persiste longtemps, peut causer des dommages permanents à l'oreille interne ; par exemple, écouter de la musique forte avec des écouteurs sur les oreilles.

Est-il facile de reconnaître une personne malentendante ?

Il est assez difficile de reconnaître une déficience auditive chez les bébés parce qu'ils n'ont pas encore développé leurs compétences en communication. Mais les parents commencent à comprendre qu'il peut y avoir un problème lorsque le bébé ne réagit pas aux sons et aux voix et que l'acquisition de la parole est retardée. À mesure que l'enfant grandit, vous remarquerez qu'il ou elle ne répond pas aux instructions ou donne de mauvaises réponses. Les personnes malentendantes vous demandent souvent de répéter ce que vous avez dit ou examineront attentivement votre visage lorsque vous parlez.

Les personnes malentendantes peuvent-elles profiter de la vie comme les autres ?

Les personnes malentendantes peuvent mener une vie normale et même accomplir plus de choses que d'autres. On a parfois l'impression que Dieu a compensé leur handicap en leur donnant une autre compétence. Les personnes ayant une déficience auditive sont souvent douées en art et peuvent participer pleinement à la vie sociale si l'occasion leur en est donnée. Il est important de veiller à ce que les enfants malentendants soient emmenés à l'école comme les autres enfants ; cependant, il est préférable qu'ils fréquentent une école spéciale pour malentendants, où ils apprendront le langage des signes et la lecture labiale, et pourront se socialiser avec d'autres enfants. Cette forme de communication peut constituer un défi dans la société dans laquelle vit une personne malentendante, mais les personnes sourdes font de leur mieux pour s'assurer que les autres comprennent ce qu'elles tentent de communiquer. Parfois, elles utilisent l'écriture pour communiquer, surtout si elles vont à l'école. Lorsque vous communiquez avec une personne ayant une déficience auditive, assurez-vous de parler clairement et pas trop vite, et veillez à ce que l'environnement ne perturbe pas le son. Assurez-vous d'attirer l'attention de la personne et qu'elle puisse voir votre visage. Essayez d'utiliser des mots simples et clairs et, si la personne ne comprend pas, répétez ce que vous avez dit. Dans les communications publiques, il est important d'avoir un interprète en langue des signes qui puisse faciliter la communication.

Les personnes malentendantes doivent faire particulièrement attention lorsqu'elles marchent près des routes, car elles ne peuvent pas entendre les véhicules qui passent. Elles doivent toujours marcher face à la circulation et regarder attentivement avant de traverser la route.

Encouragez une personne ayant des problèmes d'audition à se rendre dans un hôpital pour des examens et un traitement appropriés. Une personne souffrant d'une perte de l'ouïe peut utiliser un appareil auditif pour améliorer sa capacité auditive, mais cela n'est pas toujours approprié dans les zones rurales, où il est peu probable que des piles de rechange soient disponibles et où les établissements de santé vendant des piles peuvent être éloignés. N'oubliez pas de conseiller aux personnes de rechercher de l'aide pour la prévention et le traitement approprié des maladies et des infections auprès des professionnels de la santé plutôt que d'utiliser des médicaments non prescrits par le médecin.

En résumé

Les personnes ayant une déficience sensorielle peuvent prendre une part active dans l'Église et occuper des postes à responsabilité. Par exemple, les personnes malvoyantes ont souvent le sens de la musique, jouant du clavier, de la batterie ou de la guitare, ou elles peuvent devenir membres de la chorale. Elles peuvent apprendre les paroles et les mélodies des chansons en les écoutant. Les personnes malentendantes peuvent être membres de l'équipe d'accueil de l'église. Les personnes ayant une déficience sensorielle peuvent se marier, fonder une famille et vivre en famille comme tout un chacun. Elles ont les mêmes droits à l'éducation, aux soins médicaux et à l'héritage que les autres membres de la société. En tant que pasteurs, vous pouvez changer les attitudes de la société en soutenant les personnes ayant une déficience sensorielle, en défendant leurs intérêts et en les incluant dans votre église.

5

Autres types de handicaps

Vous vous demandez peut-être : « Qu'entendez-vous par "autres types de handicaps" ? Un handicap n'est-il pas forcément physique, intellectuel ou sensoriel ? »

Chaque fois que nous essayons de classifier les choses qui ont à voir avec les êtres humains, nous constatons généralement des exceptions, car chaque personne est une création unique. De même, les handicaps ne rentrent pas parfaitement dans les catégories. Dans ce chapitre, nous examinerons quatre types de handicap qui n'entrent pas dans les catégories de handicap physique, intellectuel ou sensoriel.

La drépanocytose (aussi appelée anémie falciforme)

Nous commencerons par examiner la drépanocytose, également appelée anémie falciforme. Certaines personnes définissent la drépanocytose comme une maladie, mais le fait de vivre avec la drépanocytose peut empêcher une personne de participer activement à certaines activités et c'est une maladie dont on ne peut pas guérir. À cet égard, nous pouvons placer l'anémie falciforme dans la catégorie des handicaps.

La drépanocytose affecte les globules rouges du corps de la personne. C'est une maladie génétique qui est transmise au bébé par les deux parents. Ce n'est pas la faute de l'un ou de l'autre parent. Ce n'est pas contagieux ; vous ne pouvez pas l'attraper de quelqu'un qui l'a. C'est un trouble qui dure toute la vie et pour le moment, la médecine ne permet pas de le guérir, mais les personnes atteintes de drépanocytose peuvent vivre comme les autres, avec quelques limitations, si elles veillent sur leur santé. Les parents ne sont peut-être pas atteints eux-mêmes de ce trouble, mais s'ils portent tous deux le gène défectueux, il y a une possibilité sur quatre que l'un de leurs enfants naisse avec cette maladie[1].

La différence entre les globules rouges normales et celles de l'anémie falciforme

Les globules rouges de notre corps contiennent de l'hémoglobine, qui donne au sang sa couleur rouge. L'hémoglobine contenue dans les globules rouges transporte l'oxygène dans tout le corps, les globules rouges sont donc essentiels à la santé. Ils ont normalement une forme arrondie, mais chez une personne atteinte de drépanocytose, beaucoup de globules rouges ont la forme d'une faucille. Les globules rouges normaux transportent suffisamment d'oxygène pour maintenir le corps bien oxygéné et ils traversent facilement les vaisseaux sanguins car ils sont ronds. Les globules en forme de faucille ne peuvent pas transporter autant d'oxygène en raison de leur forme, leur durée de vie est plus courte que celle des globules normaux et ils peuvent se coincer dans les vaisseaux sanguins, à cause de leur forme. Quand ils se retrouvent coincés, on parle de « crise de drépanocytose » et cela provoque une douleur intense ; la personne peut être hospitalisée. La courte durée de vie des globules signifie que la personne risque de devenir anémique ; si cela devient grave, elle peut avoir besoin d'une transfusion sanguine. Il existe d'autres symptômes qui nécessitent un encadrement thérapeutique approprié ; par conséquent, les personnes atteintes de drépanocytose ne devraient jamais tarder à consulter un médecin en cas de malaise. Les femmes atteintes de drépanocytose peuvent tomber enceintes, mais elles doivent toujours accoucher à l'hôpital pour pouvoir gérer d'éventuelles complications.

Gérer la drépanocytose

Il est important que les personnes atteintes de drépanocytose aient une alimentation saine, avec beaucoup de fruits et de légumes verts, en particulier d'épinards ou de tout autre légume vert foncé. Cela leur assurera une alimentation riche en vitamines et en fer, ce qui renforcera leur système immunitaire et stimulera la production de globules rouges.

Bien qu'un mode de vie presque normal soit possible, il est important que les enfants comprennent qu'ils doivent boire beaucoup, car la déshydratation

---

1. « Overview : Sickle Cell Disease », NHS, consulté le 22 août 2018, https://www.nhs.uk/conditions/sickle-cell-disease/.

peut entraîner une crise de drépanocytose. Ils peuvent faire du sport, mais ils risquent de se fatiguer rapidement et de s'essouffler, il faut donc faire attention à ce qu'ils n'en fassent pas trop. Une personne atteinte de drépanocytose peut étudier comme tout le monde, aller à l'école, à l'université et travailler.

Les personnes qui ont la drépanocytose peuvent participer activement aux activités de l'église et trouver leur place dans leur église.

Les troubles psychiatriques

Les troubles psychiatriques sont différents des troubles d'apprentissage, même si les gens supposent souvent qu'il s'agit de la même chose. Quelqu'un qui a un trouble psychiatrique peut être très intelligent mais avoir un déséquilibre dans le cerveau. De même, une personne ayant une déficience intellectuelle n'a souvent aucune détresse psychologique, mais seulement des lésions cérébrales. La principale différence entre les troubles psychiatriques et les troubles d'apprentissage réside dans le fait que les troubles d'apprentissage constituent un état permanent qui ne peut pas être changé par des médicaments, alors que les troubles psychiatriques peuvent être temporaires ou permanents et peuvent être contrôlés par des médicaments. En fait, si une personne prend des médicaments selon les recommandations du médecin, elle pourra peut-être mener une vie normale.

Dans de nombreux pays, parler de handicap physique est acceptable, mais les troubles psychologiques sont quelque chose que nous préférons passer sous silence. Pourquoi en est-il ainsi ? Peut-être est-ce dû à notre difficulté à accepter et à comprendre un comportement imprévisible ou irrationnel. Nous avons peur de ce que nous ne pouvons ni comprendre ni expliquer. Notre réaction est de qualifier les gens de « fous » ou de « possédés » et de les éviter ; s'ils viennent à l'église, nous les renvoyons. Mais est-ce cela que Jésus a fait ?

Un bref aperçu de différents troubles psychiatriques

Les troubles psychologiques, ou la maladie mentale, comme on l'appelle plus communément, est un terme qui recouvre de nombreux troubles affectant le mental. La plupart des troubles perturbent la vie quotidienne mais ne mettent pas la vie en danger ; cependant, des cas plus graves de maladie mentale peuvent la menacer. Il n'est pas nécessaire d'étudier chaque trouble en détail dans ce livre, mais nous allons en aborder certains dont vous avez peut-être entendu parler.

Les personnes atteintes de psychose ne peuvent souvent pas faire la distinction entre la réalité et l'imaginaire. Elles peuvent avoir des hallucinations, entendre des voix et ressentir de la peur et de la panique. Des médicaments peuvent contrôler leur état, mais, malheureusement, bien souvent nous laissons ces personnes errer dans la rue et s'enfoncer de plus en plus profondément dans leur propre univers.

Nous avons tous entendu parler de la dépression. Souvent, les gens se décrivent comme malheureux. Cela peut nous arriver à tous, mais si ce sentiment persiste pendant une longue période et affecte notre sommeil et notre appétit, nous empêche de nous concentrer et nous donne une fatigue extrême, nous pourrions être en dépression. Il n'est peut-être pas nécessaire de prendre des comprimés ; parler de nos inquiétudes, de nos peurs et de notre tristesse avec quelqu'un qui sait écouter et peut guider nos pensées de manière positive peut suffire. Quand une personne passe d'un état très enthousiaste et énergique à un état très déprimé et incapable d'entreprendre quoi que ce soit, son état est qualifié de maniaco-dépressif (aussi appelé trouble bipolaire, ou bipolarité).

La schizophrénie est un trouble dans lequel une personne peut avoir des idées délirantes. Par exemple, un homme qui voit passer un policier peut être convaincu que le policier a été envoyé pour l'arrêter pour avoir volé une vache portée disparue par un voisin. L'homme se convainc qu'il a volé la vache. Les personnes atteintes de schizophrénie peuvent s'habiller de manière étrange et inappropriée, éprouver des difficultés à communiquer verbalement et commencer à perdre leur personnalité d'origine. Une médication appropriée et le soutien de la communauté sont très importants.

Pour tous les troubles psychiatriques, il faut rechercher une assistance médicale professionnelle. Un traitement adapté peut faire toute la différence entre vivre ou mourir, et par ailleurs, dans la plupart des cas, il permettra à une personne atteinte de vivre activement dans la communauté. Cependant, la médication non prescrite peut aggraver l'état. Il est donc sage de consulter un médecin avant d'y recourir.

Si nous, chrétiens, ne pouvons montrer l'amour et la compréhension du Christ aux personnes souffrant de troubles psychologiques, qui le fera ? Jésus les a-t-il rejetés ou acceptés ? Que ferez-vous quand on vous confiera une paroisse et que vous rencontrerez des gens comme ceux que nous avons décrits ?

L'albinisme

Dans de nombreux pays d'Afrique, les personnes albinos, ou personnes atteintes d'albinisme, souffrent beaucoup ; l'étendue de leurs souffrances devrait nous interpeller. En tant que pasteurs, vous pouvez faire la différence en vous opposant aux croyances préjudiciables qui entourent l'albinisme et en accueillant nos frères et sœurs dans l'église.

L'albinisme touche les habitants de tous les pays, qu'ils aient normalement une peau pâle, comme par exemple en Grande-Bretagne ou aux Pays-Bas, ou une peau un peu plus mate, comme c'est souvent le cas en Asie. Peu importe que vous soyez un homme ou une femme, riche ou pauvre : votre famille n'est pas à l'abri de l'albinisme.

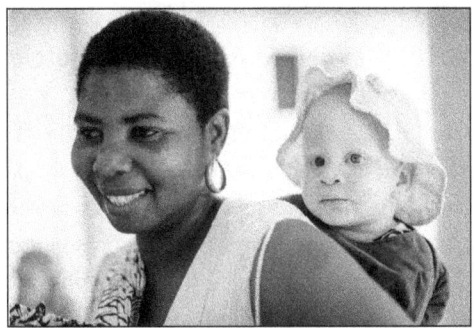

Figure 5.1. Une mère avec son enfant atteint d'albinisme.
Photo ©Chihiro Tagata, Standing Voice. Reproduite avec autorisation.

Vous connaissez probablement des familles où les deux parents ont la peau foncée et où l'enfant est albinos. Les gens disent du père : « Comment est-ce possible que ce soit son enfant ? Il est noir et l'enfant est blanc. » L'albinisme est une maladie génétique héritée des deux parents ; la mère et le père la transmettent à l'enfant. Les parents ne sont peut-être pas eux-mêmes albinos, mais ils sont porteurs du gène défectueux. Si vous interrogez la famille sur les grands-parents, les arrière-grands-parents et même sur les générations précédentes, vous entendrez peut-être parler de personnes atteintes d'albinisme dans la famille.

Qu'est-ce qui cause l'albinisme ?

Tout le monde a en lui un pigment ou une coloration dans les cheveux, la peau et les yeux. Ce pigment s'appelle la mélanine. Si une personne a beaucoup de mélanine, elle aura la peau et les cheveux foncés. Les Noirs d'Afrique ont souvent beaucoup de mélanine dans la peau, les cheveux et les yeux. Cependant, si quelqu'un a peu de mélanine, il ou elle aura une peau pâle, des cheveux et des yeux clairs. Les Blancs ont moins de mélanine dans la peau, les cheveux et les yeux que les Noirs. La différence réside seulement dans la quantité de mélanine. Les personnes atteintes d'albinisme n'ont qu'une faible quantité de mélanine, même lorsqu'elles sont africaines, ce qui signifie que leur peau est pâle et leurs cheveux brun clair.

Les personnes atteintes d'albinisme sont-elles spéciales ?

Les personnes atteintes d'albinisme sont des êtres humains comme vous et moi. Elles souhaitent être traitées avec respect et dignité, tout comme vous et moi. Nous pouvons les aider en les acceptant comme nos frères et sœurs qui ont juste une couleur de peau différente de la nôtre.

- *Ils n'ont pas de pouvoirs spéciaux. Leurs os, leurs dents et leurs ongles sont les mêmes que les nôtres.*
- *Si vous avez le SIDA et que vous avez des relations sexuelles avec une femme atteinte d'albinisme, cela ne vous guérira pas du SIDA. Tout ce qui va arriver, c'est que vous lui transmettrez le SIDA.*
- *Il n'y a absolument aucune magie chez une personne atteinte d'albinisme. Vous ne deviendrez pas riche, ne trouverez pas d'or, n'attraperez pas davantage de poissons en utilisant une partie du corps de cette personne.*
- *Dieu a créé certains d'entre nous avec beaucoup de mélanine et d'autres avec peu de mélanine. Mais nous sommes tous des enfants de Dieu.*

Comment les personnes atteintes d'albinisme peuvent-elles protéger leur corps ?

Lorsque la peau est pâle, elle peut être affectée par le soleil et causer un cancer de la peau, qui peut devenir terminal. Le meilleur conseil pour les personnes atteintes d'albinisme est de porter une chemise à manches longues et un grand chapeau pour éviter les dommages causés par le soleil. La peau sèche pose également un problème ; par conséquent, l'utilisation quotidienne d'une lotion pour la peau est importante ; les albinos devraient choisir, si possible, une lotion à fort indice de protection contre le soleil.

Figure 5.2. Un enfant atteint d'albinisme portant des vêtements de protection. Photo ©Harry Freeland, Standing Voice. Reproduite avec autorisation.

L'absence de pigment dans les yeux fait que les personnes atteintes d'albinisme ont une vue faible et sont affectées par la lumière vive. Il est donc sage de demander conseil à un ophtalmologiste. Les lunettes de soleil protégeront les yeux et empêcheront d'autres dommages.

Figure 5.3. Éduquer les écoliers au sujet de l'albinisme. Photo ©Ebrahim Mirmalek, Standing Voice. Reproduite avec autorisation.

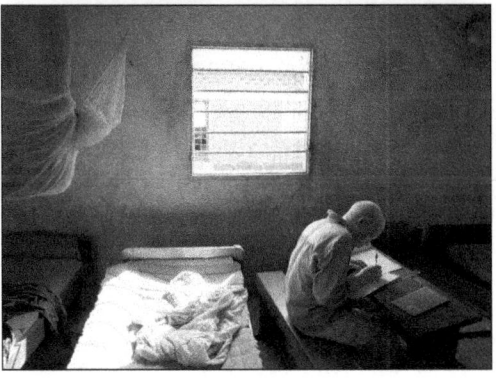

Figure 5.4. Un élève albinos qui étudie assidûment. Photo ©Harry Freeland, Standing Voice. Reproduite avec autorisation.

Une personne atteinte d'albinisme peut se marier et fonder une famille. Toutefois, si deux personnes atteintes d'albinisme se marient, leurs enfants eux aussi risquent fortement de souffrir d'albinisme.

Comment les personnes atteintes d'albinisme peuvent-elles protéger leurs droits ?

En tant que dirigeants d'églises, nous avons la possibilité de changer les choses pour les personnes atteintes d'albinisme. Comment ? Nous le pouvons en éduquant la communauté sur l'albinisme et en apportant un changement dans les croyances préjudiciables de la population, et en plaidant au nom des personnes atteintes d'albinisme pour une meilleure sécurité, de meilleurs soins médicaux, l'inclusion dans l'éducation et l'acceptation par la communauté. Les organisations œuvrant pour les droits des personnes atteintes d'albinisme disposent d'informations et de conseils utiles pour toute personne intéressée à les soutenir par les voies légales [2]. Accueillons les personnes atteintes d'albinisme dans nos communautés et accordons-leur toute la place dans nos églises.

Information au sujet de la génétique

En tant que pasteurs, vous serez amenés à dispenser des cours de préparation au mariage pour les couples souhaitant se marier. Il est important que les couples acceptent de faire des tests de dépistage non seulement pour le VIH, mais aussi pour les maladies génétiques, si cette option est disponible. S'ils portent tous les deux un gène défectueux susceptible de donner naissance à un enfant handicapé, ils peuvent choisir en toute connaissance de cause de continuer d'avancer vers le mariage, et, s'ils le font, d'accepter les restrictions éventuelles à leur procréation.

L'épilepsie

Pourquoi l'épilepsie fait-elle partie des « autres » handicaps ? Vous pourriez vous attendre à ce qu'elle soit dans la rubrique « déficience intellectuelle », mais c'est une supposition erronée. La plupart des personnes atteintes d'épilepsie ne présentent aucune déficience intellectuelle. Quelqu'un qui réussit à contrôler son épilepsie peut étudier à l'université, être membre du Parlement ou être

---

2. Voir, par exemple, Under the Same Sun, https://www.underthesamesun.com/, la fondation Josephat Torner, https://www.jtfe.org/ ; et Tanzania Albinism Society, https://www.betterplace.org/en/organisations/10856-tanzania-albinism-society.

enseignant. Souvent, nous ne pouvons pas savoir qu'une personne souffre d'épilepsie parce qu'elle nous semble parfaitement « normale ». Le problème se pose lorsque l'épilepsie n'est pas traitée et que la personne souffre de lésions cérébrales à la suite de crises épileptiques continuelles.

Lorsque nous parlons d'épilepsie, les gens disent souvent : « Oh, l'épilepsie, ça fait peur ! » Ce n'est pas étonnant, car être témoin d'une crise d'épilepsie peut se révéler effrayant. Les actions de la personne semblent incontrôlables, et il est facile de croire les gens quand ils disent : « Cette personne a un démon en elle ! » Cependant, lorsque nous comprenons ce qui se passe lorsque quelqu'un fait une crise, notre peur s'atténue parce que nous reconnaissons la cause de la maladie. (Nous verrons les croyances sur l'épilepsie au chapitre 6.) Dans certaines traditions africaines, on croit que les crises ont lieu à une certaine date ou lorsque la lune se trouve dans une phase spécifique. Ce n'est pas vrai ; les crises peuvent avoir lieu à tout moment[3].

Qu'est-ce que l'épilepsie ?

L'épilepsie est un état cérébral qui affecte « l'électricité » dans le cerveau. Nous avons en nous des nerfs qui transmettent des « messages » du cerveau au corps. Ces nerfs communiquent entre eux par le biais de « signaux » qui ressemblent à de petites décharges « électriques ». Pour chacune de nos actions, il y a des messages correspondants. Quand une crise d'épilepsie a lieu, c'est comme un court-circuit dans l'électricité du cerveau. Tous les messages se bousculent et deviennent confus, entraînant une perte de contrôle du corps. Il existe de nombreux types d'épilepsie, mais ils résultent tous d'une panne de « l'électricité » dans le cerveau. Dans ce chapitre, nous n'examinerons qu'un seul type d'épilepsie.

Beaucoup de gens disent que l'épilepsie est contagieuse, mais ce n'est pas le cas. Si cela était le cas, les parents et les frères et sœurs d'une personne atteinte d'épilepsie seraient également atteints, de même que les médecins et les infirmières. Tout se passe dans le cerveau ; il n'y a rien qui puisse vous contaminer dans l'épilepsie. Même lorsque les personnes atteintes d'épilepsie salivent ou urinent, elles ne peuvent pas vous transmettre l'épilepsie.

---

3. « Full Moon "Does Not Trigger" Seizures », *Epilepsy Today*, 2 juin 2004, consulté le 20 décembre 2018, https://www.epilepsy.org.uk/news/full-moon-does-not-trigger-seizures.

La cause des crises d'épilepsie

L'épilepsie peut commencer à n'importe quel âge. Mais généralement la première crise est toujours déclenchée par un événement précis, bien que ce ne soit pas toujours possible d'identifier cette cause. Elle peut être la conséquence par exemple d'une blessure à la tête, à la suite d'un accident de la route ou d'une chute du haut d'un arbre. Certaines maladies graves telles que la méningite, la rougeole, le paludisme cérébral ou une forte fièvre peuvent causer l'épilepsie ; la présence d'une tumeur cérébrale peut déclencher une crise. Consommer à long terme des alcools forts ou des drogues illicites telles que la marijuana, le cannabis, et sniffer de la colle peuvent également provoquer des crises d'épilepsie.

Certaines formes d'épilepsie font partie d'un diagnostic de handicap plus général, comme la paralysie cérébrale spastique, l'autisme ou certains syndromes peu communs. Cela peut également se produire après une naissance difficile au cours de laquelle le bébé a subi des lésions cérébrales. L'épilepsie héréditaire est plus rare mais peut aussi survenir.

Informations supplémentaires sur les crises

Les crises peuvent survenir dans n'importe quelle partie du cerveau. Certaines crises affectent les deux hémisphères, tandis que d'autres n'affectent qu'une petite partie du cerveau. La façon dont la personne agit durant la crise dépend de la partie touchée dans le cerveau. Cependant, il arrive que plus d'une partie du cerveau soit impliquée dans une crise.

Parfois, une personne sait à l'avance quand une crise est sur le point de se produire ; elle a ce qu'on appelle une « aura » ou un signe précurseur. Cependant, d'autres ne sont pas prévenues de l'imminence d'une crise. Il existe de nombreux types de signes précurseurs ; par exemple, les personnes atteintes d'épilepsie peuvent avoir un goût étrange dans la bouche ou sentir l'odeur de quelque chose qui n'est pas là. Elles pourraient se plaindre d'une sensation étrange dans l'estomac ou devenir soudainement très agitées. Il est utile de reconnaître cette « aura », car des mesures peuvent être prises avant que la crise ne se produise. Trouvez un endroit où l'épileptique peut se sentir en sécurité et s'asseoir ; asseyez-le à même la terre ou le sol, pas sur une chaise, et libérez un espace autour de la personne ; cela évite les blessures si la personne a une crise. Restez avec lui et, lorsqu'il retrouve son état normal, rassurez-le sur le fait que vous resterez avec lui jusqu'à ce qu'il se sente mieux. Habituellement, la personne se sentira très fatiguée après une crise et s'endormira pour un temps.

Si vous êtes sur place lorsque la personne a sa crise, la première chose à faire est de rester calme ! Vous ne serez pas utile si vous paniquez. Encore une fois, assurez-vous que la personne est dans un endroit sûr, loin du feu, d'une route, de l'eau ou de tout ce qui pourrait être dangereux. Placez quelque chose de doux sous sa tête si vous le pouvez (bien que cela ne soit pas indispensable) ; il est également utile de desserrer ses vêtements, en particulier autour de son cou. Ne mettez rien dans sa bouche car cela peut être dangereux. Dès que son corps s'est un peu détendu, amenez la personne en position de récupération, en plaçant la tête sur le côté afin que la langue tombe en avant et non en arrière, ce qui bloquerait la gorge.

Le traitement pour l'épilepsie

Si les gens vous disent qu'il n'y a pas de traitement pour l'épilepsie, ne les croyez pas. Dans la plupart des cas, l'épilepsie peut être bien contrôlée grâce aux médicaments. Il existe des comprimés qui peuvent aider à contrôler les crises, voire les prévenir. Le médecin ou l'infirmière spécialisée du centre de santé ou de l'hôpital peut vous conseiller sur le médicament et le dosage appropriés pour la personne concernée. Ce conseil doit être suivi à la lettre. Ne mélangez jamais les médicaments de la pharmacie avec des médicaments non prescrits par un médecin ; cela peut être très dangereux. Les guérisseurs traditionnels sont incapables de traiter efficacement l'épilepsie.

Il est très important que la personne prenne les comprimés tous les jours sans faute, car si elle cesse de les prendre, il est probable que les crises reviendront. Les comprimés agissent en contrôlant « l'électricité » dans le cerveau, le maintenant en fonctionnement équilibré. Les crises sont contrôlées ou stoppées grâce aux comprimés, et seul le médecin peut conseiller à la personne le moment où elle pourra cesser de prendre le médicament. Boire de l'alcool lors de la prise du médicament réduit considérablement son efficacité.

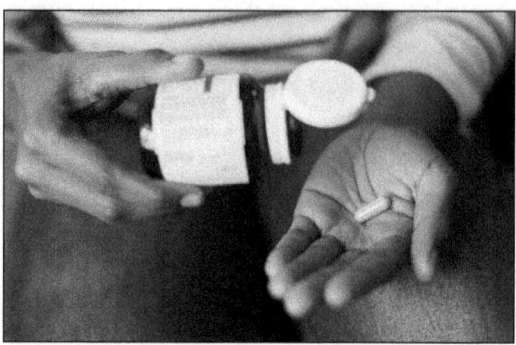

Figure 5.5. Les médicaments quotidiens sont essentiels dans la plupart des cas d'épilepsie. Photo ©Rawpixel.com - stock.adobe.com.

Les personnes atteintes d'épilepsie peuvent mener une vie normale. Cependant, certaines activités doivent être évitées. Il n'est pas conseillé de grimper aux arbres ou sur une échelle. Cuisiner seul sur un feu ouvert est dangereux ; même un adulte souffrant d'épilepsie devrait avoir quelqu'un à proximité en cas de crise. Les enfants atteints d'épilepsie ne doivent jamais être laissés seuls devant un feu. Il est recommandé aux épileptiques de se faire accompagner lorsqu'ils vont chercher de l'eau au puits ou à la rivière. Un épileptique ne doit jamais conduire une voiture ou une moto ou utiliser une machine telle qu'une tronçonneuse sans l'avis d'un médecin.

Soyez positifs envers l'épilepsie

Les épileptiques apprennent à vivre avec leur maladie. Laissez-les vivre aussi normalement que possible ! Le problème vient souvent de l'attitude de la société qui marginalise les personnes atteintes d'épilepsie et leurs familles, les privant de leur droit naturel à l'éducation et de leur liberté de travailler, de participer aux cultes et de faire partie d'une communauté. En tant que pasteur qui comprend à présent l'épilepsie, vous pouvez contribuer à changer l'attitude de la société à l'égard des personnes atteintes d'épilepsie.

En résumé

Trois des problèmes dont nous avons parlé dans ce chapitre – l'albinisme, les problèmes de santé mentale et l'épilepsie – font souvent l'objet d'une discrimination intense. En tant que membres d'églises, nous espérons que nous pourrons contribuer à réduire la stigmatisation si souvent ressentie par les personnes atteintes de ces troubles et que nous pourrons être un exemple à suivre pour d'autres.

6

Quelques attitudes et croyances africaines à propos du handicap

Vous vous posez peut-être la question suivante : « Pourquoi est-il nécessaire que nous examinions les croyances traditionnelles concernant le handicap ? Nous travaillons dans nos églises ; nous savons que de telles croyances ne sont pas vraiment fondées. »

Les croyances transmises de génération en génération ne sont pas facilement oubliées ou écartées. Vous pensez peut-être qu'elles ne font plus partie de votre vie, mais lorsque vous rencontrez un enfant gravement handicapé, atteint par exemple d'une fente labiale, vous vient-il à l'esprit, ne serait-ce que pour un instant, que cela est une conséquence d'actes répréhensibles dans la famille ? La mère aurait peut-être dit du mal de quelqu'un, portant atteinte à la réputation de cette personne, et ce serait la punition de Dieu ? De telles croyances peuvent causer un préjudice immense, non seulement à la personne handicapée, mais également à sa famille. En outre, même la société en souffre, car elle se prive ainsi des contributions de familles entières, marginalisées et dépossédées de toute possibilité d'action.

La tempête de pluie

La petite histoire suivante nous montre à quel point ces croyances peuvent être nuisibles.

C'était la saison des pluies et cette année-là, les pluies étaient particulièrement fortes. Mama Sébastien était fatiguée de la pluie et fatiguée d'être enceinte. C'était son cinquième enfant et il était très difficile d'essayer de gagner sa vie dans la banlieue de la grande ville. La location d'une petite maison coûtait cher, de sorte qu'ils avaient dû louer près de la rivière, où les prix étaient moins chers en raison du risque d'inondation. Elle s'assit et regarda la rivière dont les eaux s'accéléraient et montaient rapidement. Alors qu'elle regardait, elle ressentit les premières douleurs ; elle sut que le moment était venu. Appelant une voisine pour surveiller les enfants, elle fit son sac et lutta lentement et péniblement sous la pluie pour se rendre au centre de santé. Le travail fut dur et elle était épuisée. « Pousse plus fort, Mama Sébastien », a exhorté la sage-femme, mais Mama Sébastien n'avait plus de force.

Enfin, le bébé naquit, mais il n'y eut pas de pleurs. La sage-femme frappa rapidement le dos du bébé et nettoya la bouche, mais il fallut un certain temps avant d'entendre un faible cri. Plus tard dans la journée, Mama Sébastien rentra chez elle avec son nouveau-né, qui semblait très faible et sans vie. La pluie faiblissait et le soleil faisait son apparition.

À mesure que le bébé grandissait, il devenait évident pour tout le monde qu'il y avait quelque chose qui n'allait pas. Les bras et les jambes du bébé se tordaient et bougeaient très étrangement. Une voisine qui rendait visite commenta : « Mama Sébastien, tu te souviens comment, avant de donner naissance, la rivière coulait très haut et la pluie était terrible, et quand ta fille est née, la pluie s'est arrêtée ? Ne penses-tu pas que cette enfant est issue du serpent de la rivière, cet esprit vivant dans la rivière ? Regarde comme elle bouge. Tu dois avoir contrarié l'esprit. Que feras-tu d'elle ? » La voisine quitta la maison et commença à répandre la nouvelle. Mama Sébastien pleura.

Le serpent de la rivière

Au chapitre 2, nous avons examiné différents types de handicap physique. Vous êtes donc peut-être en mesure d'identifier l'état pathologique du bébé de Mama Sébastien. Dans le récit, Mama Sébastien était fatiguée et la naissance fut difficile. Le bébé est né avec une paralysie cérébrale, appelée athétoïde (voir le chapitre 2). Dans ce type de PC, les membres ont des mouvements incontrôlés, partant dans toutes les directions, et cela peut également affecter le visage, avec des mouvements étranges de la bouche et de la tête. Certains pensaient que l'enfant devait être renvoyé à la rivière. La voisine de Mama Sébastien était visiblement très attachée aux croyances traditionnelles et cherchait à en faire part à la communauté locale. Comment réagiriez-vous s'il s'agissait de votre enfant ? Il est fort probable que lorsque les voisins entendraient la nouvelle, ils s'abstiendraient de fréquenter la famille, tout en offrant des conseils qui seraient entendus au marché et dans les magasins : renvoyez l'enfant à la rivière. En tant que dirigeant d'église, comment réagiriez-vous en entendant de telles choses ? Quels conseils donneriez-vous à Mama Sébastien ? Que feriez-vous face à des personnes qui répandent ce type de croyance dans votre église ?

Le serpent

L'histoire suivante est le récit d'une expérience que nous avons faite en Afrique de l'Est. Nous sommes arrivés dans un village avec une équipe de soins spécialisée dans les handicaps chez les enfants. Une maman nous a amené sa petite fille d'environ trois ans. L'enfant était incapable de marcher et avait une déficience intellectuelle ; elle se déplaçait en rampant sur le ventre. La mère n'avait pas emmené l'enfant à l'hôpital local ni demandé conseil pour savoir comment s'y prendre avec sa fille. Nous avons commencé à travailler avec la petite et, plusieurs mois plus tard, après de nombreuses visites, nous avons réussi à la faire se tenir debout avec de l'aide, puis à la faire marcher à l'aide d'un déambulateur. Pendant tout ce temps, la mère semblait sceptique, pas vraiment convaincue que nous allions réussir. Finalement, elle fut prête à nous en dire la raison. Apparemment, alors qu'elle était enceinte de sa fille, elle marchait sur un sentier herbeux du village quand un serpent passa devant elle. Elle ne fut pas mordue, mais resta convaincue que cela signifiait que son enfant ramperait toujours, comme un serpent. À quoi servait-il d'apprendre à l'enfant à marcher ? Cela ne pourrait jamais réussir, à cause du serpent qu'elle avait vu avant la naissance de sa fille. Or, s'il est vrai que sa fille n'arrivait toujours pas à marcher toute seule, elle commençait à se déplacer à l'aide d'un déambulateur. Sa mère, contente des progrès, demanda : « Pourquoi avez-vous pris la peine de passer tout ce temps avec mon enfant ? » Cela nous a donné l'occasion de parler de l'amour de Dieu et de lui faire comprendre à quel point Dieu se soucie de toutes ses créatures, qu'elles soient handicapées ou non. Si nous n'avions pas persévéré, la croyance traditionnelle aurait laissé l'enfant sur le ventre, exposée à un risque élevé d'infections, de blessures et d'accidents.

Notre ennemi, le serpent

Beaucoup de gens considèrent que les serpents sont des ennemis. Cela provient peut-être de l'histoire de la chute. En Afrique de l'Est, il existe un certain nombre de croyances liées aux pythons. Par exemple :

- Si une femme enceinte voit un nid de python, elle doit y jeter une pierre ; cela empêchera son bébé de naître avec un handicap.
- Afin d'éviter tout préjudice à un jeune enfant, la mère peut suspendre un morceau d'os de python sec autour de la taille de l'enfant, surtout si elle a vu un serpent pendant sa grossesse.
- Si un enfant est né avec une paralysie cérébrale athétoïde (comme l'enfant dans l'histoire), la population locale dira qu'un python doit

avoir croisé le chemin de la mère alors qu'elle était enceinte, sans qu'elle le sache ; c'est pourquoi l'enfant se déplace comme un serpent.
- Si un enfant a un handicap, la mère doit prendre de l'herbe près du lieu où un python a mangé de l'herbe. Elle doit ramener l'herbe à la maison, la piler et en faire un médicament. Le médicament sera utilisé comme lavement et on pense que cela peut enrayer le handicap et guérir le malade.

Beaucoup de ces croyances disparaissent à mesure que les générations actuelles accèdent aux informations provenant d'Internet et de la télévision. Cependant, même lorsqu'une personne nie avoir une telle conviction, il en reste souvent des traces qui finissent par se voir. Ces croyances enferment les gens dans la peur et la superstition, contrairement à la liberté que le Christ nous donne par sa victoire sur le mal.

Les croyances basées sur la morale

Le rire est une bonne chose ; rire ensemble nous fait du bien. Cela peut aussi apporter la guérison dans les relations. Cependant, les rires ne sont pas tous innocents ; le rire est parfois méchant et malfaisant. Nous appelons cela rire des gens ou se moquer.

Il existe une croyance selon laquelle si vous donnez naissance à un enfant handicapé, c'est que vous avez ri d'une personne handicapée ; vous vous êtes moqué de cette personne. Le handicap de la personne dont vous vous moquez a donc été transmis à votre enfant. Croyons-nous que cela puisse être vrai ? Ou voyons-nous cela comme une punition de Dieu ?

Certaines croyances traditionnelles ont une origine morale. Il est possible que la croyance décrite ci-dessus soit née du désir d'empêcher la communauté de manifester de la méchanceté envers les personnes handicapées. En créant une peur de la punition, les anciens empêchaient tout comportement négatif envers certains membres de leurs communautés.

Si nous, chrétiens, croyons que nous sommes créés à l'image de Dieu et que nous faisons partie de la famille de Dieu, nous verrons Dieu en toute autre personne, qu'elle soit valide ou handicapée. Nous pourrons peut-être rire *avec* cette personne, mais non pas *de* cette personne.

Les croyances contenant une part de vérité

Parfois, une croyance contient une part de vérité ; il y a une raison pour laquelle les anciens croyaient certaines choses et les enseignaient aux générations suivantes. Dans le passé, la culture se transmettait en grande partie par une tradition orale, l'enseignement se faisant à travers les histoires et les fables. Une partie de l'enseignement était basée sur des histoires bibliques mélangées à des croyances traditionnelles, et certaines de ces croyances ont persisté jusqu'à aujourd'hui, même si leur source se perd avec le temps.

Selon l'une de ces convictions, si un garçon a une relation sexuelle avec sa sœur, l'enfant qui en résultera sera handicapé. Il y a une vérité scientifique dans cette croyance. Si une personne épouse un membre de sa famille ou a une relation sexuelle avec un membre de sa famille, l'enfant qui naît de cette relation hérite d'un capital génétique réduit. Qu'est-ce que cela veut dire ? Chaque bébé hérite des gènes de chacun de ses parents ; si les parents sont étroitement liés et ont hérité leurs gènes des mêmes parents ou de proches parents, toute faiblesse dans les gènes deviendra plus importante au fil des générations. C'est probablement l'une des raisons pour lesquelles Dieu désapprouve les relations sexuelles consanguines (Dt 27.20-23). Cependant, nous ne devons jamais supposer qu'une personne handicapée est la conséquence d'une action de ce type ; c'est relativement rare. Surtout, nous ne devrions jamais juger des personnes handicapées de cette manière.

Les croyances liées à l'épilepsie

Dans les pays africains, les gens ont différentes perceptions ou croyances concernant l'épilepsie. Quand quelqu'un a une crise, on le croit sous l'emprise d'un mauvais esprit. Depuis des siècles, on associe l'épilepsie à la sorcellerie et au surnaturel. On y voit une malédiction ou un châtiment de méfaits commis antérieurement. En raison de ces convictions, les personnes atteintes d'épilepsie se sont vues refuser un traitement médical approprié, car on pense que le problème ne peut pas être traité à l'hôpital mais nécessite l'intervention de guérisseurs traditionnels. Cela aggrave la maladie, ce qui entraîne une déficience intellectuelle en raison de crises épileptiques répétées. Il existe certaines preuves anecdotiques que la médecine traditionnelle peut fonctionner, mais les preuves scientifiques font défaut[1] ; souvent, la médecine traditionnelle manque de dosage spécifique, ce qui peut conduire au surdosage.

L'existence d'esprits maléfiques ne fait pas de doute. Mais la présence d'une épilepsie ne signifie aucunement que la personne a un esprit mauvais. Dans la plupart des cas, la personne n'a pas d'esprit mauvais. Il est conseillé de toujours penser à l'épilepsie d'abord plutôt qu'à l'action d'un esprit maléfique ; toute intervention autre que médicale ne devrait avoir lieu qu'après l'avis d'un pasteur expérimenté. L'intervention ne devrait jamais nuire à la personne ou à sa famille, que ce soit physiquement, spirituellement ou émotionnellement. Cela n'honorerait pas Dieu.

Il existe une croyance selon laquelle une personne épileptique qui tombe dans le feu ou dans l'eau ne pourra être guérie. Cette croyance n'a aucun fondement ; c'est juste une tradition héritée des générations précédentes. En effet, ce détail est mentionné dans le récit concernant le garçon épileptique dans Matthieu 17.14-15, mais Jésus guérit le garçon. Une personne atteinte d'épilepsie peut être soignée, même si elle tombe dans l'eau ou le feu. Les médicaments anti-convulsion sont disponibles dans la plupart des centres de santé et, en suivant ces traitements, il y a toutes les chances que la personne profite pleinement de la vie.

Il y a beaucoup de discrimination envers les personnes épileptiques et leurs familles. Les personnes atteintes d'épilepsie sont souvent exclues d'activités sociales et même d'événements familiaux ; souvent on les empêche d'assister à des réunions d'église à cause de la croyance erronée que l'épilepsie est contagieuse, transmise par la salive ou l'urine de la personne épileptique. Cette fausse croyance limite l'accès des personnes atteintes d'épilepsie à des soins appropriés, en particulier lors d'une crise.

Les croyances liées à l'albinisme

Au fil des générations, les croyances traditionnelles africaines ont fait des albinos la cible d'assassinats et d'attaques inhumaines. Les gens croient que posséder des parties de corps albinos leur apportera succès et richesse ; par exemple, certains pensent que l'utilisation de parties de corps albinos associée à la pratique de la sorcellerie amènera les pêcheurs à prendre plus de poissons. Des parties de corps ont également été utilisées dans les zones minières dans l'espoir d'attirer plus de minéraux. Étonnamment, on pense que même des

---

1. Wei Liu et al., « The Effects of Herbal Medicine on Epilepsy », *Oncotarget* 8, n° 29, 18 juillet 2017, p. 48385-48397, consulté le 24 août 2018, https://www.ncbi.nlm.nih.gov/pmc/articles/PMC5564656/.

politiciens ont été impliqués dans de telles croyances, estimant que les parties du corps des albinos contiennent des pouvoirs magiques qui peuvent accroître leur popularité. Ces croyances ont mis la vie des personnes atteintes d'albinisme en grand danger ; mais où peuvent-elles se cacher pour se protéger ?

En Afrique de l'Est, on pense parfois que les personnes atteintes d'albinisme sont des esprits ou des fantômes. Si elles disparaissaient, elles seraient considérées comme « se rendant simplement dans un autre lieu ». Cela signifie qu'elles courent un grand danger : un enfant ou un adulte pourrait être tué et sa disparition ne serait pas signalée, car « il ne s'agit que d'un esprit ».

Dans certains groupes tribaux, on pense que si un frère épouse sa sœur ou si un fils a des relations sexuelles avec sa mère, l'enfant qu'ils auront sera albinos. Cette croyance persiste. Ce type de croyance marginalise gravement non seulement la personne atteinte d'albinisme, mais aussi sa famille, qui sera regardée avec dégoût.

Mais quelle est la vérité ? Ne réussissons-nous dans la vie que par les pratiques décrites ici ? Certainement pas ! Nous voyons beaucoup de gens qui ont réussi leur vie ; croyons-nous qu'ils se sont adonnés à ces pratiques ? Sont-ils des tueurs d'albinos ? Et vous êtes-vous déjà demandé pourquoi les familles de personnes atteintes d'albinisme ne sont pas riches ? Les pays développés ont-ils la même conviction ? Ces questions devraient nous inciter à réfléchir plus profondément à nos frères et sœurs. Il n'y a rien de spécial chez les personnes atteintes d'albinisme ; elles sont simplement comme nous. Afin de dissiper ces mythes, les dirigeants de la communauté et les responsables d'églises doivent unir leurs efforts pour diffuser auprès de la communauté des informations correctes sur l'albinisme.

Les dirigeants d'églises sont bien placés pour créer une prise de conscience car on leur fait plus confiance qu'aux autres membres de la communauté.

Une bouche endommagée

Au chapitre 2, nous avons examiné les anomalies congénitales de fente labiale et palatine ; voir quelqu'un avec cette malformation peut faire un choc et donner à penser : « Pourquoi est-ce arrivé ? Quelle en est la cause ? » Il est clair que le handicap dans d'autres parties du corps est plus toléré que celui au visage, qui saute aux yeux.

Il existe de nombreuses croyances sur la cause de la fente labiale et palatine. Dans l'une d'elles on pense que la mère doit avoir prononcé des paroles malveillantes au sujet d'une personne de la localité, propageant des commérages qui ont porté atteinte à l'image de cette personne. Pensez-vous que cela puisse être vrai ? Est-ce que Dieu punit vraiment de cette façon ? Nous espérons qu'en comprenant les causes possibles de la fente labiale, un membre d'église qui a un enfant avec une fente labiale ne fera pas l'objet d'une telle conviction.

Une autre croyance concernant l'origine de la fente labiale, toujours en Afrique de l'Est, est que, durant sa grossesse, une femme a sauté par-dessus un récipient utilisé pour fabriquer de l'alcool local. Ce récipient est souvent fabriqué à partir d'un tronc d'arbre coupé en deux dans le sens de la longueur et évidé, et c'est là que l'alcool est brassé.

En Afrique de l'Est, dans le passé, certaines traditions tribales n'autorisaient pas les femmes à manger des œufs. Si une femme donnait naissance à un bébé avec une fente labiale, elle était accusée d'avoir mangé des œufs et d'avoir enfreint la tradition tribale. Une autre croyance commune répandue est que si une femme enceinte mange des œufs, son bébé naîtra chauve, sans cheveux.

Double souci

Il existe de nombreuses croyances liées à la naissance de jumeaux. Dans certaines cultures, les jumeaux sont une bénédiction et ont des pouvoirs spéciaux, alors que dans d'autres, avoir des jumeaux est une plaie. Certains croient que la présence de jumeaux dans la famille peut causer des problèmes de santé mentale à un membre de la famille élargie. Parfois, on gaspille beaucoup d'argent auprès des sorciers, dans l'espoir de calmer les esprits en colère, surtout si l'un des jumeaux est handicapé. Cependant, nous ne nous attarderons pas sur les croyances relatives aux jumeaux, car ce livre se concentre sur les croyances liées au handicap.

Dents en plastique

Croyez-vous qu'il existe des « dents en plastique » chez les jeunes bébés ? Et vous rendez-vous compte à quel point cette croyance est dangereuse ? C'est une croyance commune dans certains pays africains, mais en quoi consiste exactement cette croyance ? Lorsque son bébé souffre de diarrhée, de vomissements ou de fièvre, la mère l'examine et, lorsqu'elle regarde dans la bouche, elle remarque de petites bosses blanches et dures dans les gencives. Elle pense que le bébé a des dents en plastique et croit qu'il mourra à moins que les dents ne soient retirées. Mais si vous observez bien, les « dents en plastique » apparaissent au moment où l'enfant approche de l'âge où ses premières dents se développent ; ces symptômes ne sont qu'une partie des changements qui se produisent dans le corps de l'enfant. Vous serez peut-être surpris d'apprendre que même des personnes instruites emmènent leurs enfants chez des guérisseurs traditionnels pour leur faire retirer leurs « dents en plastique ». Le résultat est triste : les enfants souffrent énormément, perdent beaucoup de sang, contractent une infection grave et peuvent même mourir. Cette croyance a été transmise de génération en génération et se poursuit aujourd'hui. C'est un réel déchirement lorsqu'un jeune couple vous demande de l'aide pour récupérer le corps de son bébé à l'hôpital et le transporter à la maison pour l'enterrement. Quelle était la cause de la mort ? Saignement massif et infection causés par un « guérisseur » local qui tentait de retirer la soi-disant « dent en plastique ».

Vous-même, en tant que responsable d'église, que pourriez-vous faire si vous connaissez quelqu'un que d'autres ont convaincu d'emmener son enfant chez le guérisseur traditionnel pour lui retirer ses « dents en plastique » ? Veuillez expliquer aux parents que ce qu'ils voient est une vraie dent. Si les parents restent inquiets, conseillez-leur d'emmener l'enfant au centre de santé. Nous devons travailler ensemble pour prévenir les nombreux décès qui se produisent chaque année à la suite de cette croyance erronée.

Croyances locales concernant la déficience intellectuelle

Dans certaines régions d'Afrique de l'Est, on pense que si un membre de la famille a des problèmes de santé mentale, qu'il s'en va dans la brousse et ne revient jamais, les naissances ultérieures dans cette famille donneront des enfants avec une déficience intellectuelle.

Nous croyons que chaque enfant né d'une famille chrétienne devrait être amené à l'église pour le baptême ou pour la présentation au Seigneur et à l'assemblée. Combien d'enfants ayant une déficience intellectuelle ont été baptisés ou présentés dans l'église dont vous venez ? Il est parfois difficile d'obtenir ce renseignement, mais en tant que pasteurs et évangélistes, nous avons la possibilité d'accueillir tous les enfants de Dieu dans son Église.

Sécurité pour les jeunes femmes vivant avec un handicap

Saviez-vous que les jeunes femmes handicapées sont la cible de viols ? En certains endroits, on pense que si un homme a des relations sexuelles avec une jeune femme handicapée, il deviendra riche. De nombreuses jeunes femmes à déficience intellectuelle sont exploitées lorsque leurs tuteurs sont loin, au travail par exemple, ou lorsqu'elles vont chercher de l'eau ou du bois de chauffage. L'agression est non seulement traumatisante pour la femme, mais elle entraîne souvent une grossesse non désirée ; et sans témoin, il peut être difficile de porter l'affaire devant un tribunal. Parfois, la grossesse met en danger la vie de la jeune femme.

Les pasteurs et les évangélistes ont une belle occasion de contester cette croyance néfaste. L'exemple de Jésus était très différent : il se souciait des exclus et respectait les marginalisés, comme nous le lisons dans la parabole des brebis et des boucs dans Matthieu 25.31-46. Ceux qui ont été bénis sont ceux qui se sont souciés des autres et ont pris le parti de la justice ; ceux qui ont ignoré, voire augmenté les besoins des autres, ont été maudits.

Résumé : sagesse et courage

Bien que les croyances locales ne soient pas toutes nuisibles, nombre d'entre elles entraînent la marginalisation des familles, et font que les personnes handicapées souffrent d'effets négatifs dans leur vie et celle de leur famille. Continuer à aider sans relâche la communauté à se débarrasser des croyances néfastes tout en préservant le précieux patrimoine des générations passées requiert du courage et de la sagesse inspirés par Dieu.

7

Points de vue

L'histoire d'Eileen

Eileen est enseignante dans une petite ville de Tanzanie. Elle a deux filles adorables et est membre de l'église anglicane locale. Cela ressemble à une histoire de réussite, mais Eileen a été confrontée à de nombreuses difficultés pour parvenir à la vie qu'elle vit maintenant.

Eileen était la benjamine de sa fratrie et la seule née albinos. Peu de temps après sa naissance, les difficultés de sa mère commencèrent. La famille élargie de son père refusa d'accepter un tel enfant dans son groupe familial, affirmant qu'Eileen ne pouvait pas être la fille de son père et qu'ils la rejetteraient donc. La mère d'Eileen savait qu'elle avait été fidèle à son mari. Sa seule option était donc de revenir dans sa famille avec Eileen, dans une région plus éloignée.

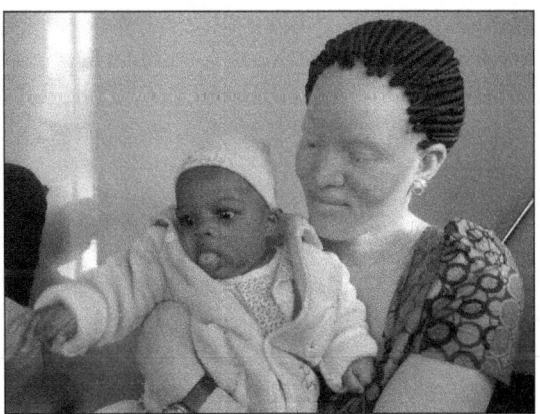

Figure 7.1. Eileen avec son adorable fille.
Photo ©Bridget Hathaway

À l'école, Eileen n'était jamais choisie par les autres élèves pour faire partie de leur groupe. Si un/e élève était invité/e à s'asseoir près d'Eileen, il ou elle saisissait la première occasion pour s'éloigner. Ainsi, Eileen se sentait souvent rejetée et seule. Elle se demandait pourquoi elle avait tous ces problèmes et il en résultait une perte de confiance et de respect pour elle-même. Dans une certaine mesure, elle se reprochait les difficultés rencontrées dans sa famille. Heureusement, sa mère lui donna de sages conseils et la soutint tout au long de ses jeunes années. Après avoir suivi une formation d'enseignante, Eileen trouva un emploi dans sa région d'origine.

Eileen reconnaît les changements d'attitude survenus au cours des dernières années en Tanzanie. Maintenant, il y a beaucoup moins de discrimination et les gens l'acceptent comme ils accepteraient n'importe qui d'autre. Ces changements sont dus, en partie, aux efforts soutenus d'organisations de personnes atteintes d'albinisme, qui ont sensibilisé la société à l'albinisme et plaidé avec succès pour leur propre droit de vivre en toute sécurité et de bénéficier du même accès à l'éducation, aux soins médicaux et à l'inclusion sociale, au même titre que tout le monde. Cependant, il existe encore de nombreux pays où les personnes atteintes d'albinisme vivent dans une peur constante pour leur vie.

En tant que chrétiens qui suivons l'exemple du Christ, nous devrions nous accepter les uns les autres, tout comme le Christ nous a acceptés, et œuvrer pour la justice pour ceux dont la vie a été affectée par la discrimination et le rejet.

Le défi du handicap acquis

Le pasteur Mapinduzi est un pasteur déterminé et fidèle qui a fait face à de nombreux défis depuis son ordination. Il a étudié à l'école de théologie et a terminé son parcours avec les autres étudiants. Cependant, peu de temps après son ordination, le pasteur Mapinduzi a commencé à avoir des problèmes de jambes, avec une sensation de picotement qui entraînait un engourdissement et une faiblesse. Sa capacité à marcher diminua jusqu'à ce qu'il ne puisse plus se tenir debout sans soutien. L'hôpital local n'en trouva pas la cause et les radios ne révélèrent aucune anomalie. Après une autre visite à l'hôpital qui n'avait abouti à aucun diagnostic, la famille élargie commença à suspecter des actes de sorcellerie. Cela ne semblait pas être une maladie normale, ils pensèrent donc qu'il avait un esprit maléfique. Finalement, on diagnostiqua une hernie du disque intervertébral : il s'agit d'une affection grave pouvant entraîner une paralysie totale de ce qui est situé en dessous du disque affecté. Cependant, même après ce diagnostic, la famille était toujours convaincue que la sorcellerie en était la cause et il est possible qu'elle ait consulté un guérisseur traditionnel. Après que de nouvelles radiographies ont clairement montré le problème, et après une opération de la colonne vertébrale, la famille commença à croire au vrai diagnostic. Cependant, au même moment, le premier enfant du pasteur naquit avec les pieds-bots. Les gens pensèrent : « Cela prouve qu'il a dû se moquer d'une personne handicapée, et c'est pourquoi lui et son enfant sont handicapés. » Ce furent d'importants défis pour ce jeune pasteur, mais il garda la foi tout au long de cette période. Le pasteur Mapinduzi marche sans canne, mais il a des problèmes d'équilibre, ce qui l'empêche de rester debout sans soutien. Monter des escaliers est très difficile et marcher de longues distances est fatigant et pénible.

Le diocèse accepta son état et il devint vicaire de paroisse. La congrégation évangélique accepta sa nomination et, bien que les congrégations aient eu au début quelque doute à son sujet, cela changea rapidement quand les gens virent qu'il travaillait plus dur que la plupart des pasteurs non handicapés. Cependant, un pasteur handicapé doit faire face à de nombreux défis, dont certains au cours même du service religieux. Le pasteur Mapinduzi le décrit ainsi :

> Lors d'un service religieux, il est nécessaire de se lever et de s'asseoir à intervalles réguliers, conformément aux instructions de la liturgie. Si je m'assieds au lieu de rester debout, la congrégation a du mal à comprendre et estime que le service n'est pas un service « approprié », en particulier pendant la prière de consécration. Il faut souvent monter plusieurs marches avant même d'entrer dans l'église, puis encore d'autres marches pour atteindre l'autel et l'endroit où le ministre du culte devrait siéger. Physiquement, c'est un défi avant même de commencer le service.

Un aspect important du travail de tout pasteur consiste à faire des visites à domicile à ceux qui sont particulièrement dans le besoin ou qui sont en deuil. Ce travail ne peut pas se faire par téléphone ; culturellement, il est essentiel que le pasteur se déplace en personne. En milieu rural, cela peut être très difficile pour une personne handicapée, et parfois même impossible. Cela amène certains paroissiens à penser que le pasteur Mapinduzi ne fait pas son travail correctement, bien qu'ils aient connaissance de son handicap. Il reconnaît que cette attitude le blesse. En ce qui concerne l'administration de l'Eucharistie, le pasteur Mapinduzi a résolu le problème. Il reste près de l'autel et l'assemblée le rejoint en file indienne, il n'a donc pas besoin de descendre les marches.

*Figure 7.2. Le pasteur Mapinduzi est un pasteur énergique et fidèle.
Photo ©Bridget Hathaway*

Le pasteur Mapinduzi a fait part de ses expériences dans la communauté : « Un jour, j'attendais un taxi au bord de la route. J'avais mes béquilles. Un taxi est venu mais il m'a dépassé, bien qu'il ait de la place. Il s'est d'ailleurs arrêté un peu plus loin pour prendre des passagers. » Lorsqu'il fut arrivé à destination, le pasteur Mapinduzi interpella le chauffeur de taxi qui ne l'avait pas pris. Ce dernier avait supposé que le passager étant handicapé, il ne paierait pas son trajet car il devait être pauvre. Heureusement, le pasteur a rencontré une attitude différente dans la grande ville où, à quatre reprises, quand il a voulu payer la course, le chauffeur n'a pas voulu prendre l'argent. « Peut-être qu'ils pensaient gagner une bénédiction en adoptant cette attitude », a commenté le pasteur Mapinduzi.

Section II

Handicap et théologie
Compléter le corps du Christ, l'Église

Dans la section I, l'accent était principalement mis sur l'aspect médical et portait sur différentes maladies pouvant affecter les personnes à un moment de leur vie. Bien que nous ayons mentionné la manière dont les attitudes et les croyances peuvent influer sur la vie quotidienne d'une personne, nous n'avons pas approfondi cette question. Dans la section III, nous examinerons les aspects sociaux et politiques du handicap, car il est important de les comprendre si nous voulons être un corps du Christ inclusif. Cependant, quelle que soit l'importance des aspects médicaux et sociopolitiques du handicap, il manque une compréhension fondamentale : celle de la personne. Roy McCloughry l'exprime ainsi : « Le modèle médical se concentre sur le corps physique. Le modèle des droits se concentre sur le corps politique. Ce qui est nécessaire et qui manque, c'est *la personne*. C'est ce vide que la vision biblique cherche à combler[1]. »

Cette section aborde donc l'identité individuelle, en particulier sous un angle théologique, à l'aide de citations tirées de la Bible et de divers autres écrits, dont nombre de leurs auteurs ont une expérience personnelle du handicap. Comme il y a beaucoup à dire sur le handicap d'un point de vue biblique, et que cela peut parfois être sujet à controverse, tout ce qui suit n'est qu'un simple avant-goût de ce vaste sujet.

---

1. Roy McCloughry, *The Enabled Life : Christianity in a Disabling World*, Londres, SPCK, 2013, p. 59.

8

Quelle est l'origine de la souffrance et du handicap ?

Dans ce chapitre, nous examinerons certaines questions auxquelles il nous faut réfléchir lorsque nous sommes confrontés au handicap et à la souffrance.

Le handicap est-il une punition ?

Avez-vous déjà entendu quelqu'un parler d'un enfant handicapé en disant quelque chose comme : « Ah, vous savez bien que vos péchés vous retomberont dessus, tôt ou tard. Cet enfant est né comme ça à cause de ce que sa maman a fait plus tôt dans sa vie. C'est une punition » ? Pensez-vous que cela puisse être vrai ? Que répondez-vous quand une personne handicapée vous le dit ? Ou encore, que dites-vous lorsqu'un membre de votre congrégation donne naissance à un enfant aveugle, sourd ou aux jambes tordues ? Quelle est votre attitude quand, la nuit, vous ne trouvez pas le sommeil à force de penser à ce que vous pouvez faire pour aider une personne handicapée ? Ou quand vous parlez à d'autres pasteurs et professionnels travaillant dans le domaine du handicap ?

Il est important que vous réfléchissiez à votre propre réponse à la question de la déficience comme punition, avant de devoir y faire face dans la vie, car cela influencera votre comportement envers les personnes handicapées.

Lorsque nous considérons que toute forme de souffrance est une punition, nous devons reconnaître qu'il existe dans la Bible des exemples qui peuvent appuyer ce point de vue, ainsi que des exemples qui le rejettent. Nous ne pouvons pas généraliser ces exemples et dire qu'ils s'appliquent à toutes les situations. En tant que pasteurs, nous devons prendre en compte les deux points de vue, si nous voulons rester fidèles au texte.

Le point de vue qui dit : « Le handicap n'est pas une punition »

La Bible dit clairement que nous sommes des pécheurs et que nos parents étaient des pécheurs. Si tel est le cas, pourquoi ne sommes-nous pas tous nés avec un handicap ? Si nous disons que Dieu ne punit que certains parents en leur envoyant un enfant handicapé, nous disons que Dieu traite certains péchés différemment des autres. Est-ce vrai ? N'est-il pas sûr que tout péché nous sépare du Dieu d'amour ? Dieu déteste le péché, sous toutes ses formes, parce que son désir est d'aimer et de racheter l'ensemble de sa création.

Cependant, direz-vous, mes péchés sont pardonnés parce que je les ai confessés et que j'ai fait confiance à Jésus. Mais les parents de l'enfant handicapé de votre congrégation n'ont-ils pas fait de même ? Pourquoi vos péchés seraient-ils pardonnés et les leurs ne le seraient pas ?

Théologiquement, cela n'a aucun sens de dire que Dieu envoie un handicap pour punition de façon arbitraire.

Un exemple tiré du Nouveau Testament

Examinons cette question en nous appuyant sur les paroles et les actions de Jésus lui-même quand il a guéri un homme né aveugle.

En Jean 9, les disciples posent une question qui montre qu'ils sont d'accord avec la personne imaginaire que nous avons citée au début de ce chapitre : « Maître, qui a péché, cet homme ou ses parents, pour qu'il soit né aveugle ? » (Jn 9.2.) C'était une opinion commune à l'époque, tout comme c'est une opinion commune en Afrique aujourd'hui. Les disciples pensaient que le lien entre le péché et la souffrance était si fort qu'une personne pouvait même être punie pour un péché commis avant sa naissance ! Les pharisiens partageaient certainement ce point de vue, car ils dirent à l'homme : « Tu es né tout entier dans le péché » (Jn 9.34).

L'argumentation appuyant ce point de vue ressemble à ceci : Dieu est un Dieu de justice ; par conséquent, il ne permet pas que quelque chose se passe qui nous semble injuste, comme un accident rendant une personne handicapée. Si une telle chose se produit, cela signifie probablement que certains péchés non dévoilés sont punis. Si nous acceptons cette argumentation, nous avons le sentiment que notre Dieu de justice est à l'œuvre et nous nous sentons plus à l'aise avec la situation. En d'autres termes, nous croyons que Dieu a raison de « punir » une personne à cause d'un péché non confessé.

Mais Jésus lui-même ne partage pas cet avis ! Il répond aux disciples en disant : « Ce n'est pas que lui ou ses parents aient péché, mais c'est afin que les œuvres de Dieu soient révélées en lui » (Jn 9.3).

La vérité est que le monde est complexe et que l'enseignement de Dieu n'est pas toujours facile à comprendre ; il peut même être source d'inconfort. Comme le dit Tom Wright : « Nous devons cesser de considérer le monde comme une sorte de machine à sous morale, où les gens placent une pièce de monnaie (une bonne action, disons, ou une mauvaise) et obtiennent un résultat particulier (une récompense ou une punition)[2]. »

La vie en Christ ne consiste pas à récolter des récompenses pour de bonnes actions ni à recevoir une punition immédiate pour de mauvaises actions. Cependant, ainsi que Tom Wright l'explique, les bonnes et les mauvaises actions peuvent avoir des résultats décisifs : une attitude bienveillante et compréhensive peut apaiser une situation donnée, tandis que le vol du bien d'autrui peut entraîner l'exclusion de la communauté.

Il existe des exemples bien clairs dans l'Ancien et le Nouveau Testament. Dans 2 Rois 5.15-27, nous apprenons qu'Élisée avait rencontré Naaman, atteint de la lèpre. Après que Naaman a été guéri, Élisée a refusé tout paiement, mais son serviteur Guéhazi a eu recours à la tromperie et au mensonge pour obtenir des cadeaux de Naaman. En conséquence, Guéhazi fut puni :

> Mais Elisée lui dit : « Mon esprit non plus n'était pas parti lorsque cet homme a quitté son char pour venir à ta rencontre. Est-ce le moment de prendre de l'argent pour acheter des habits, des oliviers, des vignes, des brebis, des bœufs, des serviteurs et des servantes ? La lèpre de Naaman va s'attacher à toi et à ta descendance pour toujours. » Guéhazi quitta Elisée, atteint d'une lèpre blanche comme la neige. (2 R 5.26-27)

Manifestement, le crime prémédité de Guéhazi n'est pas resté impuni : il fut infecté par la lèpre de Naaman. Le résultat affecterait également sa famille, car l'absence de Guéhazi lorsqu'il sera isolé en tant que lépreux compromettra leur unité familiale. Guéhazi a enfreint le dixième commandement en convoitant la richesse plutôt que d'être honnête.

Dans le Nouveau Testament, nous lisons dans Actes 5.1-11 l'histoire d'Ananias et de Saphira, qui ont délibérément trompé Dieu en mentant à propos de l'argent reçu de la vente d'un terrain. Pierre dit à Ananias : « "Comment as-tu pu former dans ton cœur un projet pareil ? Ce n'est pas à des hommes que tu as menti, mais à Dieu." Quand Ananias entendit ces paroles, il tomba et expira » (5.4b-5a).

---

2. Tom Wright, *John for Everyone : Part 1, Chapters 1-10*, Londres, SPCK, Louisville, Kentucky, Westminster, John Knox Press, 2002, p. 133-134 [traduction libre].

Dans ces deux exemples, les coupables ont alourdi leur faute en continuant leur tromperie et en ne se repentant pas. L'infraction a été jugée et punie. Cependant, cela ne revient pas à dire que tout handicap est le résultat du péché. Dans les deux cas précités, il y avait un péché délibéré sans repentance, et Dieu, en tant que Dieu de justice, doit agir avec justice.

Notre statut d'enfants de Dieu est purement dû à la grâce de Dieu et au travail que Jésus a accompli sur la croix. L'aveugle dans l'histoire de Jean est un exemple du désir de Dieu de faire de chacun de nous une nouvelle création. La cécité de l'homme n'était pas une punition ; bien au contraire, c'était l'occasion d'une nouvelle création.

Jésus a utilisé la cécité de cet homme pour enseigner à ses disciples un certain nombre de vérités :

- La cécité n'était pas le résultat du péché, mais une opportunité pour que la grâce et la compassion de Dieu soient révélées par la guérison de cet homme (Jn 9.3).
- Tant qu'il fait « jour » (tant qu'il y a une opportunité), l'œuvre de Dieu doit être accomplie, car il peut y avoir un moment où les opportunités cessent d'être disponibles (Jn 9.4).
- Jésus est la lumière du monde et cet acte de guérison a conforté son utilisation de cette métaphore et sa revendication d'être le Fils de Dieu (Jn 9.5).
- Ceux qui pensaient pouvoir « voir » (les pharisiens) étaient doublement coupables car, tout en prétendant « voir », ils niaient la vérité. « Jésus leur répondit : "Si vous étiez aveugles, vous n'auriez pas de péché. Mais en réalité, vous dites : 'Nous voyons.' [Ainsi donc,] votre péché reste" » (Jn 9.41).

Dans ce passage, Jésus rejette clairement l'idée que le handicap survient à cause du péché.

Il y a un autre point qu'il nous faut mettre en relief dans ce passage. L'homme aveugle a participé à sa propre guérison. Il a dû assumer lui-même certaines responsabilités en choisissant de faire confiance à Jésus. Mais on ne nous dit pas qu'il devait se repentir avant de pouvoir être guéri. En fait, il n'est pas fait mention de l'homme lui-même disant avoir péché. Ce que l'homme a fait, c'est obéir aux instructions de Jésus. Jésus ne s'est pas contenté de juste faire quelque chose ; il avait besoin d'une réponse de foi et d'une action de la part de l'homme. La vue et la liberté sont entrées dans la vie de l'homme parce que ce dernier a choisi de croire au Fils de Dieu (9.35-38).

Dieu ne peut-il empêcher la souffrance et le handicap ?

Il semble parfois que nous soyons à la merci d'événements naturels aléatoires tels que les inondations, les tremblements de terre et la foudre, ou d'accidents durant la grossesse et l'accouchement qui obligent les enfants à vivre avec de graves handicaps. Pourquoi Dieu n'intervient-il pas pour empêcher de telles choses ? Est-ce parce qu'il n'a pas le pouvoir de le faire ? Si Dieu est tout-puissant (omnipotent), pourquoi y a-t-il douleur, souffrance et imperfection dans le monde ?

Il est difficile de répondre à ces questions. Après tout, nous prêchons que Dieu a vaincu le mal, mais il y a encore tant de mal dans le monde. Nous pouvons être tentés de douter de son pouvoir ; peut-être n'est-il pas tout-puissant ? Mais ainsi que l'exprime Don Carson, « la négation de l'omnipotence de Dieu "résout" peut-être le problème du mal, mais le prix à payer est énorme : nous nous retrouvons avec un dieu incapable de nous aider[3] ».

Si Dieu n'est pas omnipotent, il ne peut pas nous apporter du réconfort ; il ne peut pas répondre aux prières parce qu'il n'a pas le pouvoir de le faire. La vérité est que nous ne savons pas pourquoi Dieu n'intervient pas chaque fois que nous le souhaitons. Nous sommes comme David, qui a crié : « Jusqu'à quand, Éternel, m'oublieras-tu sans cesse ? » (Ps 13.1.) Nous devons faire face au fait que nous n'avons peut-être pas les réponses à toutes les questions qui nous sont posées ou que nous posons nous-mêmes. Pourtant, ce n'est pas vraiment surprenant. Comment Dieu pourrait-il être Dieu si nous connaissions chaque réponse à chaque question ? Nous n'aurions plus besoin de lui, car nous serions nous-mêmes de petits dieux. Francis Bridger l'exprime bien quand il écrit : « Jusqu'au dernier jour, nous sommes des entre-deux – des personnes qui habitent une terre entre-deux. Nous n'avons pas complètement échappé à l'influence du Vendredi Saint et n'avons pas atteint la gloire du jour de Pâques[4]. »

Le Dieu que nous servons est un Dieu mystérieux ; on ne peut jamais tout savoir de lui. Ce qui est nécessaire, c'est de continuer à faire confiance à sa bonté ultime et à sa justice. « Or la foi, c'est la ferme assurance des choses qu'on espère, la démonstration de celles qu'on ne voit pas » (Hé 11.1).

---

3. D. A. CARSON, *Jusques à quand ? Réflexions sur le mal et la souffrance*, trad. M. Schneider, coll. Sel et Lumière, Charols, Excelsis, 2005, p. 33-34.
4. Francis BRIDGER, *23 Days : A Story of Love, Death and God*, Londres, Darton, Longman & Todd, 2004, p. 95 [traduction libre].

Les chrétiens devraient-ils forcément être bénis ?

Il y a ceux qui affirment que les chrétiens qui vivent dans l'obéissance à Dieu ne souffriront pas mais bénéficieront toujours des bienfaits de la santé, de la richesse et du bonheur. Mais lorsque nous étudions la Bible, nous rencontrons beaucoup de croyants fidèles qui ont bien souffert, même alors qu'ils s'étaient engagés à servir Dieu. Pensez à des hommes comme Osée, Jérémie, Paul, Timothée et Job. Chacun d'eux a souffert à sa manière. Est-ce qu'un seul d'entre eux a été écarté du service de Dieu à cause de son infirmité ou de son handicap ? Non, ils ont tous continué à servir au nom de Dieu. En fait, Paul l'exprime clairement dans Philippiens 3 quand il dit : « Mais ces qualités qui étaient pour moi des gains, je les ai regardées comme une perte à cause de Christ. Et je considère même tout comme une perte à cause du bien suprême qu'est la connaissance de Jésus-Christ mon Seigneur. À cause de lui je me suis laissé dépouiller de tout » (Ph 3.7-8a). Et il ajoute : « Ainsi je connaîtrai Christ, la puissance de sa résurrection et la communion à ses souffrances... » (3.10a).

Si des serviteurs de Dieu, comme Paul et Job, ont enduré de grandes souffrances, pensez-vous encore qu'une personne handicapée ou sa famille doit avoir fait quelque chose de mal ? Quel verset de la Bible suggère qu'en tant que chrétiens, nous sommes en droit d'être exemptés de souffrance ou de handicap ?

Les chrétiens devraient-ils forcément être parfaits ?

Perfection et sainteté

Dans Matthieu 5.48, Jésus dit : « Soyez donc parfaits comme votre Père céleste est parfait. » Nous savons qu'il parle de sainteté, mais il y a peut-être une partie de nous qui suppose que la perfection dont il parle inclut la perfection corporelle. Ainsi, nous assimilons parfois la sainteté à la perfection et voyons un manque de perfection comme un manque de sainteté. Il ne fait aucun doute que Dieu nous a appelés à être saints. Mais dans les versions hébraïques et grecques originales de la Bible, être « saint » n'implique pas d'être parfait dans un sens physique du terme ; cela signifie que nous sommes mis à part pour le service de Dieu, écartés des valeurs et des attitudes du monde (1 P 1.13-16). Nous pouvons être mis à part ou « saints » même lorsque nos corps ne fonctionnent pas comme la majorité des corps humains. Nous pouvons être « saints » même si nos esprits ne sont pas aussi actifs que les esprits des autres. Dieu n'est pas lié par les limitations que nous, humains, nous imposons les uns aux autres ; il utilise les gens comme il le souhaite, en des façons qu'il nous arrive de ne pas comprendre.

Perfection et création

Nous pourrions également réfléchir à la manière dont nous percevons la perfection par rapport au monde créé par Dieu. Comment savons-nous que le handicap ne fait pas partie de la diversité naturelle que Dieu permet à ce monde ? C'est une pensée surprenante ! John Hull écrit : « L'idée de perfection, cependant, doit être associée à l'idée de diversité, car la création de Dieu est parfaite dans l'extraordinaire diversité de la vie[5]. »

Bon, pas parfait

Regardons le récit de la création dans Genèse 1. On nous dit six fois que Dieu vit que ce qu'il avait créé « était bon » (Gn 1.4, 10, 12, 18, 21, 25) et dans Genèse 1.31 nous lisons : « Dieu regarda tout ce qu'il avait fait, et il constata que c'était très bon. » Cela ne dit pas que Dieu a vu que ce qu'il avait fait était parfait ; c'était très bon. Il était satisfait de ce qu'il avait créé. Peut-être qu'il en était même ravi !

À son image

Le point culminant de l'activité créatrice de Dieu fut la création d'un homme et d'une femme, créés à l'image de Dieu (Gn 1.27). Qu'est-ce que cela signifie exactement ? Il existe de nombreuses idées sur ce sujet, qui sont souvent influencées par la culture dans laquelle nous naissons et vivons.

On trouve dans Genèse 2.7 un indice important, qui rapporte une caractéristique unique de la création des êtres humains : « L'Éternel Dieu façonna l'homme avec la poussière de la terre. Il insuffla un souffle de vie dans ses narines et l'homme devint un être vivant. » Nous ne lisons rien de tel quand Dieu créa les animaux. Les humains sont uniques en ce que Dieu leur a insufflé « le souffle de vie ». Le terme traduit par « souffle » peut également être traduit par « esprit », et c'est le fait d'avoir l'esprit de Dieu en nous qui nous permet d'avoir une relation avec Dieu.

Alors, comment cela affecte-t-il notre attitude envers les personnes vivant avec un handicap et la question de savoir si Dieu a causé le handicap ? Peut-être cela nous aide-t-il à réaliser qu'être créé à l'image de Dieu n'a rien à voir avec notre apparence ou notre intellect. Cela a tout à voir avec l'esprit de Dieu insufflé en nous. Chaque être humain a reçu ce cadeau et tout être humain peut être en relation avec Dieu. Il est vrai que cette relation a été perturbée quand

---

5. John M. Hull, *Disability : The Inclusive Church Resource*, Londres, Darton, Longman & Todd, 2014, p. 84 [traduction libre].

Adam et Ève ont péché, mais Dieu est en train de la rétablir avec ceux qui se tournent vers lui. Chacun de nous est dans un processus où sa ressemblance avec Christ est rétablie. Cela est vrai, quelle que soit notre condition physique, car l'image de Dieu n'est pas physique, mais spirituelle : « Nous tous qui, sans voile sur le visage, contemplons comme dans un miroir la gloire du Seigneur, nous sommes transformés à son image, de gloire en gloire, par l'Esprit du Seigneur » (2 Co 3.18). Nous sommes tous des travaux en cours. Chacun de nous a des imperfections qui sont restaurées par la grâce de Dieu, à travers l'œuvre du Saint-Esprit. Une restauration complète ne se produira que lorsque nous serons avec lui pour toujours.

Lorsque nous nous voyons les uns les autres sous cet angle, nous ne considérons pas les personnes handicapées comme des « erreurs ». Non, nous les voyons comme des personnes également faites à l'image de Dieu, et qui sont aussi précieuses et chères à ses yeux que nous. John Hull, un théologien qui a perdu la vue, a écrit :

> Le handicap n'est pas quelque chose qui doit être « toléré » ou excusé, mais qui doit être réellement adopté. Je ne dis pas cela dans le cadre d'un programme d'égalité laïque, mais parce que chaque personne qui franchit le seuil de l'Église, qu'elle soit handicapée ou non, est faite à l'image de Dieu et doit être considérée comme précieuse pour cette même raison[6].

Peut-être devrions-nous aborder différemment la question de savoir pourquoi Dieu permet les handicaps pour plutôt nous demander : *pourquoi sommes-nous réticents à faire face à la vérité que le monde n'est pas parfait ?*

En résumé

Résumons les réponses aux questions que nous avons explorées dans ce chapitre :

- Le handicap est-il nécessairement la punition d'un péché ? Non, parce que Jésus le dit sans détour et parce que nous avons tous péché sans pour autant être tous handicapés.
- Dieu peut-il intervenir dans la souffrance ou sommes-nous à la merci des aléas du monde ? Si nous pensons que le caractère aléatoire du monde cause nos souffrances, nous nions que Dieu est tout-puissant.

---

6. *Ibid.*, p. 37-38 [traduction libre].

Quelle est l'origine de la souffrance et du handicap ?   77

Si nous nions la toute-puissance de Dieu, nous réduisons son pouvoir en le rendant également sujet à l'imprévisibilité du monde.
- Pouvons-nous prétendre au droit de vivre sans souffrance ni handicap ? Si nous répondons par l'affirmative, sur quel texte biblique fondons-nous cette affirmation ?
- Souffrir signifie-t-il que nous sommes maudits ? Beaucoup de personnages bibliques qui ont souffert de différentes manières n'avaient pas commis de péchés importants. Pour autant, ils n'ont pas été écartés du service de Dieu ni maudits ; en fait, ils ont plutôt joué un rôle important dans le plan de salut de Dieu.
- Les chrétiens ne devraient-ils pas être parfaits ? Dans l'histoire de la création, Dieu ne mentionne jamais la perfection. Il a créé l'homme à son image. Cela signifie-t-il qu'une personne ayant un handicap est une erreur ? Non, c'est un jugement purement superficiel ; être fait à l'image de Dieu se situe à l'intérieur de l'être.
- Que signifie donc être créé à l'image de Dieu ? Être créé à l'image de Dieu, c'est avoir l'esprit insufflé par Dieu, ouvrant la voie à une relation unique avec Dieu. L'image de Dieu en nous n'est pas physique mais spirituelle. Nous sommes tous égaux devant Dieu.

« Tu es digne, notre Seigneur et notre Dieu, [toi le Saint,] de recevoir la gloire, l'honneur et la puissance, car tu as créé toutes choses et c'est par ta volonté qu'elles ont été créées et qu'elles existent » (Ap 4.11).

9

Handicap et guérison

Une histoire

L'église du pasteur Emmanuel était située dans la banlieue d'une grande ville. Il aimait son travail de pasteur auprès de cette congrégation vivante et était ravi d'avoir une école du dimanche comptant près de soixante-dix enfants. Sa chorale de jeunes se développait de plus en plus, même s'il devait parfois garder un œil sur les jeunes gens !

Une fois par mois, l'église organisait un culte de guérison, au cours duquel toute personne ressentant le besoin de la main guérisseuse de Dieu pouvait venir afin qu'une petite équipe de personnes prie pour elle. Un jour, une dame, membre fidèle de la congrégation, amena sa fille Francesca au culte. Peu de personnes connaissaient Francesca, car elle ne venait jamais à l'église ; elle était gravement handicapée par une paralysie cérébrale et restait à la maison la plupart du temps. Lorsque Francesca fut poussée vers l'avant dans son fauteuil roulant, un membre de l'équipe demanda à la maman de Francesca quel était l'objet de la prière. « Je veux que Francesca marche et soit comme les autres filles de son âge », a-t-elle déclaré. Un membre de l'équipe de prière commença à prier, d'abord doucement, demandant la guérison de Dieu pour Francesca. Peu à peu, sa voix devint plus forte jusqu'à ce qu'il crie et agite les bras, implorant Dieu de pardonner les péchés de la mère et de la fille et de rétablir l'intégrité de Francesca. Francesca resta assise dans son fauteuil roulant, clairement effrayée. Finalement, la prière prit fin. Il y eut une courte pause, puis le membre de l'équipe dit : « Il y a un péché que l'une de vous deux n'a pas avoué. Dieu ne peut pas guérir quand vous ne vous repentez pas. Allez et demandez à Dieu de vous révéler le péché afin que vous puissiez vous repentir. »

Mortifiée, la maman de Francesca rentra chez elle, poussant lentement sa fille dans la rue poussiéreuse. « Je sais que je commets des fautes, se dit-elle, mais je demande toujours le pardon de Dieu. Je fais de mon mieux avec Francesca, je l'aime et je prends soin d'elle, et elle n'a pas pu faire quelque chose de mal. Comment puis-je retourner à l'église quand les gens pensent que je suis une pécheresse ? »

Lorsque plusieurs dimanches s'écoulèrent sans que la maman de Francesca ne se rende à l'église, le pasteur Emmanuel alla lui rendre visite. À contrecœur, elle lui expliqua pourquoi elle était restée à l'écart. Le pasteur lui prit la main avec douceur et dit : « Prions pour que la paix, la bénédiction et l'amour de Dieu remplissent votre cœur et le cœur de Francesca. » Puis il pria. De manière sincère, il demanda que la présence guérissante de Dieu pénètre dans le cœur de chaque membre de la famille. La maman de Francesca sentit une étrange chaleur pénétrer dans son cœur ; tout son corps se sentait prêt à exploser de reconnaissance. « Que se passe-t-il ? », murmura-t-elle. Le pasteur Emmanuel répondit : « Vous êtes toutes deux en train de guérir. »

Cette histoire couvre de nombreux points que nous devons prendre en compte lorsque nous pensons au ministère de guérison. Nous allons examiner ces points ci-après.

Dans ce chapitre, nous limiterons notre étude à la guérison en relation avec le handicap. Nous n'examinerons pas tous les aspects de la guérison, cela prendrait tout un livre !

Traitement ou guérison ?

Le premier point que nous devons considérer concerne les deux termes « traiter » et « guérir ». Ces mots sont fréquemment utilisés en relation avec une maladie ou un handicap, mais existe-t-il une différence de sens entre eux ?

Le dictionnaire anglais *Oxford English Dictionary* définit le verbe « traiter » comme « éliminer une maladie, un état ou une blessure grâce à un traitement médical[1] ». Cependant, « guérir » signifie « faire en sorte qu'une plaie, une blessure ou une personne redevienne saine ou en bonne santé. Restaurer la santé[2] ». Dans le premier cas, celui du mot « traiter », le problème de santé de la personne est totalement éliminé ou inversé par un traitement médical. En ce qui concerne la définition du terme « guérir », la personne est mentionnée, décrite comme étant

---

1. Judy Pearsall et Patrick Hanks, sous dir., *The New Oxford Dictionary of English*, Oxford, OUP, 1998, p. 450 [traduction libre]. N.D.T. : le dictionnaire français Larousse Illustré 2020 donne une définition similaire : « traiter » est défini comme « prescrire ou pratiquer un traitement médical ». Le Larousse définit les termes « traitement médical » comme « l'ensemble des moyens mis en œuvre pour guérir une maladie, une blessure ».
2. *Ibid.*, p. 846 [traduction libre]. N.D.T. : le Larousse définit le terme « guérir » comme « délivrer d'un mal physique ou mental ».

« rétablie en bonne santé ». Aucune intervention médicale n'est mentionnée. Le rétablissement d'une santé saine n'implique pas seulement une restauration physique, mais comprend aussi le bien-être mental, émotionnel et spirituel. En effet, la restauration physique pourrait en fait ne pas être incluse car le traitement médical ne fait pas nécessairement partie de la guérison. Le mot « guérison » est important dans la mesure où il implique le renouvellement d'un aspect de la vie d'une personne. Un des aspects du renouvellement pourrait résider dans le fait que la personne redevienne pleinement membre de la communauté dont elle avait été écartée. Dans Luc 8, nous en voyons un exemple. Jésus guérit un homme possédé par un démon en transférant les esprits démoniaques dans un troupeau de cochons. Jésus dit ensuite à l'homme de rentrer chez lui et de raconter tout ce que Dieu a fait pour lui. « Il s'en alla et proclama dans toute la ville tout ce que Jésus avait fait pour lui » (Lc 8.39). De même, Paul John Isaak, qui commente les miracles de guérison de Jésus dans Luc 5.12-26 dans le *Commentaire biblique contemporain*, dit : « Pour ces personnes, la guérison signifiait retrouver la famille élargie, les amis et la société. Le recouvrement de la santé entraînait la réintégration dans la vie sociale[3]. »

Toute conversation au sujet de la guérison doit donc englober la famille et la communauté dont la personne est issue. Une personne qui n'est pas rétablie dans sa famille et sa communauté a peu de chances d'être complètement guérie. La société occidentale s'est davantage centrée sur le soin apporté aux personnes, oubliant que le soutien et le rétablissement dans la famille et la communauté sont des éléments importants de la santé et du bien-être.

Il est possible qu'une personne soit traitée mais ne soit pas guérie. Par exemple, imaginons une jeune femme qui boîte lourdement à la suite d'une injection malheureuse qu'on lui a administrée quand elle était enfant. Après une intervention chirurgicale, elle peut à nouveau marcher normalement. Cependant, elle reste frustrée, amère et tourmentée. Sa communauté finit par s'éloigner d'elle en raison de son attitude. Elle a été traitée mais, selon la définition ci-dessus, elle n'est pas guérie.

De même, une personne pourrait être guérie mais pas traitée. Imaginez qu'un jeune homme perde une jambe dans un accident. À l'hôpital, une infirmière lui parle de Jésus. Le jeune homme lit la Bible et donne sa vie à Jésus. Son handicap est toujours là, mais il reçoit la paix et un but pour sa vie malgré le handicap. Son attitude positive et bienveillante signifie qu'il est accepté dans la communauté. Il n'a pas été traité, mais il a été guéri.

---

3. Paul John Isaak, « Luc », dans Tokunboh Adeyemo, sous dir., *Commentaire biblique contemporain*, Paris, Éditions Farel, 2008, p. 1309.

Guérison et traitement dans la Bible

Peut-on retrouver dans la Bible la différence de sens entre guérison et traitement ? Si nous examinons les récits du ministère de guérison de Jésus dans le Nouveau Testament, nous constatons que différents mots sont utilisés dans le grec original pour « guéri », « purifié » et « traité ». Par exemple, dans Luc 17.11-19 (version TOB), nous lisons que dix lépreux « furent purifiés » de leur lèpre, mais un seul d'entre eux revint vers Jésus pour le remercier. Dans le verset 14, le terme grec utilisé a le sens de « purifié ». Toujours selon la version TOB, dans le verset 15, le lépreux qui revint vit qu'il était « guéri » (un mot grec différent est utilisé) et dans le verset 19, Jésus lui dit qu'il a été « sauvé » (encore un autre terme différent, en grec). Trois termes différents, aux significations spécifiques, sont utilisés pour clarifier le point soulevé par Jésus[4]. Le révérend Dr Anthony Bird décrit la situation de la manière suivante : « Dans la pensée chrétienne (mais pas seulement chrétienne), la complétude ou la guérison est l'union avec Dieu et nous voyons qu'être traité n'est pas la même chose qu'être guéri : dix lépreux ont été purifiés, mais un seul d'entre eux fut guéri[5]. »

Dans Luc 13.10-16, nous apprenons qu'une femme infirme est en voie de guérison. Au verset 14, le chef de la synagogue est « indigné de ce que Jésus avait fait une guérison un jour de sabbat » et le mot grec utilisé pour « guérison » ici signifie « guéri » et non « traité ». La femme a reçu bien plus qu'un traitement. Jésus a dit : « Et cette femme, qui est une fille d'Abraham et que Satan tenait attachée depuis 18 ans, ne fallait-il pas la délivrer de cette chaîne le jour du sabbat ? » (Lc 13.16.) La femme avait été libérée de ses limitations physiques pour vivre pleinement dans la communauté. Cependant, n'est-il pas également possible qu'elle ait été libérée spirituellement, elle aussi, de sa « chaîne » ?

Guérir hier et aujourd'hui

Les gens demandent parfois : « Pourquoi tant de guérisons ont-elles eu lieu à l'époque du Nouveau Testament et si peu se produisent de nos jours ? » C'est une bonne question ! Voici quelques idées qui pourraient faciliter la discussion.

Bien que certains miracles de guérison dans le Nouveau Testament aient été exclusivement axés sur la personne qui en avait besoin, nombre d'entre eux

---

4. Alfred MARSHALL, *The NIV Interlinear Greek–English New Testament*, Grand Rapids, MI, Zondervan, 1976, p. 314 [traduction libre].
5. Anthony BIRD, *The Search for Health : A Response from the Inner City*, Royaume-Uni, Université de Birmingham, Institute for the Study of Worship and Religious Architecture, 1982, p. 104 [traduction libre].

ont eu lieu devant un public. On pourrait dire que ces miracles ont eu un double objectif. Jésus avait certainement de la compassion pour la personne dans le besoin, mais il est possible qu'il ait aussi profité de l'occasion pour démontrer quelque chose au public qui l'entourait. Par la guérison, il leur révélait la vérité sur qui il était : le Fils de Dieu.

Marc 2.1-12, par exemple, raconte la guérison de l'homme paralysé. Jésus lui dit : « Mon enfant, tes péchés te sont pardonnés » (2.5b). Nous savons déjà d'après le texte que la salle était pleine de visiteurs, y compris des spécialistes de la loi. Jésus savait qu'ils ne croyaient pas en qui il était, il en a donc profité pour provoquer une réaction de leur part. Il n'a pas accusé l'homme paralysé d'un péché spécifique, mais son commentaire général concernant le pardon du péché suffisait à défier l'incrédulité des dirigeants juifs. La réaction de ces dirigeants a fourni à Jésus l'occasion de déclarer qui il était : « le Fils de l'Homme » (v. 10). Le paralytique était guéri, mais la foule et les spécialistes de la loi ont également vu Jésus déclarer sa véritable identité.

D'où proviennent nos croyances sur la guérison ?

Nos croyances sur la guérison peuvent provenir d'une ou de plusieurs des sources suivantes :

- Certaines de nos croyances chrétiennes sur la guérison proviendront de la Bible, des récits de guérison de l'Ancien et du Nouveau Testament.
- Certaines de nos attitudes à propos de la guérison proviendront de la culture dans laquelle nous vivons.
- Les différents groupes religieux ont des croyances différentes sur la guérison.
- Nos croyances sur la guérison peuvent avoir été influencées par une expérience personnelle d'un ministère de guérison.

Vous pourrez peut-être ajouter d'autres idées à cette liste. Nous avons examiné les croyances et les attitudes au chapitre 6.

Qu'espérez-vous lorsque vous priez pour la guérison ?

Cette question est importante, et il pourrait être utile que vous écriviez votre réponse ou que vous en discutiez avec d'autres.

- Vous espérez peut-être un type de guérison spécifique. Dans l'histoire au début du chapitre, la maman de Francesca souhaitait une prière

pour sa fille afin qu'elle puisse marcher et être comme les autres filles de son âge. Elle espérait que Francesca serait physiquement guérie.
- Peut-être connaissez-vous quelqu'un qui a des crises (épilepsie) et vous demandez une prière pour que les crises cessent afin que cette personne puisse vivre sans ce problème.
- Peut-être que votre prière concerne quelqu'un dont vous avez entendu parler et qui souffre d'une manière ou d'une autre et non une personne que vous connaissez personnellement.

Tous ces cas présentent un dénominateur commun : le désir est de guérir physiquement, de provoquer un changement visible.

Bien entendu, Dieu peut guérir physiquement ; mais que se passe-t-il quand il ne le fait pas ?

Une guérison sans changement sur le plan physique

Dans l'histoire précédente, la maman de Francesca espérait un changement physique dans le corps de sa fille. Même le membre de l'équipe de guérison qui priait pour elle s'attendait probablement à voir Francesca se lever et marcher. Mais Francesca n'a pas été guérie ; elle est restée assise dans son fauteuil roulant. Était-ce un échec ?

Y a-t-il une raison pour laquelle Francesca n'a pas été guérie ? Le membre de l'équipe de guérison a pensé qu'il y avait une raison à cette absence de changement visible et a déclaré qu'il s'agissait d'un péché non confessé. Les mots suivants ont été écrits par un parent d'enfant handicapé : « Lorsque le rétablissement espéré ne se produit pas, la personne atteinte est à nouveau blâmée (pas forcément ouvertement) pour cet échec : manque de foi, trop peu de prière, trop de péchés. Non seulement le handicap persiste, mais cette personne a déçu la communauté en ne se rétablissant pas miraculeusement[6]. »

Comme nous l'avons lu dans l'histoire, la maman de Francesca rentra chez elle, pleine de honte à cause du manque de changement chez Francesca. Les attentes des autres et son propre sentiment de honte ont accru ses problèmes. Elle est rentrée chez elle plus mal lotie qu'avant d'aller prier. Est-ce que ce genre de résultat honore Dieu ? N'est-ce pas, en fait, une façon d'abuser spirituellement d'une personne vulnérable ? Si la réponse est « oui, il s'agit d'un abus », comment devrions-nous, en tant que dirigeants d'églises, gérer ce type de situation ? L'abus

---

6. Myroslaw TATARYN et Maria TRUCHAN-TATARYN, *Discovering Trinity in Disability*, New York, Orbis, 2013, p. 98 [traduction libre].

est un sujet grave qui amène une condamnation sur l'église. Nous ne devrions jamais pousser les gens à quitter l'église dans un état pire que quand ils y sont entrés ; si nous le faisons, nous déshonorons Dieu. Heureusement, le pasteur Emmanuel a compris que le rétablissement pouvait prendre une forme autre que la guérison physique ; il a compris que Dieu examinerait les besoins intérieurs de la maman de Francesca et la toucherait là où elle avait le plus besoin de guérison.

Dans 2 Corinthiens 12.7b-10, nous lisons que Paul souffrait d'« une écharde dans le corps ». Bien que nous ne sachions pas de quoi il s'agissait – si c'était un mal physique ou quelque chose d'autre – nous savons qu'après avoir prié trois fois pour que ce mal soit supprimé, Paul est néanmoins resté avec ce facteur limitant dans sa vie. Ce n'était pas un échec de la part de Paul ; il ne l'attribuait pas au péché, bien au contraire. Il dit : « et il [le Seigneur] m'a dit : "Ma grâce te suffit, car ma puissance s'accomplit dans la faiblesse". Aussi, je me montrerai bien plus volontiers fier de mes faiblesses afin que la puissance de Christ repose sur moi » (12.9).

Pour Paul, la faiblesse de son corps a donné à Dieu l'occasion de montrer son but et sa puissance dans la vie de Paul. Beaucoup de personnes vivant avec un handicap choisiraient probablement d'être aptes au travail, mais Dieu utilise des personnes handicapées dans son œuvre, tout comme il utilise des personnes non handicapées. La plus grande limitation ne vient pas de Dieu, mais de la société ; malheureusement, la société juge souvent de manière négative, relevant ce que les gens ne peuvent pas faire, au lieu de réfléchir à ce qu'ils peuvent faire.

Dans l'Ancien Testament, lorsque Samuel était en train de choisir le roi qui remplacerait Saül, il demanda aux fils d'Isaïe de marcher devant lui. Samuel pensait savoir quel fils était le plus apte à être roi : Eliab semblait en bonne santé et fort physiquement. Pourtant, Samuel se trompait : « Mais l'Éternel dit à Samuel : "Ne prête pas attention à son apparence et à sa grande taille, car je l'ai rejeté. En effet, l'Éternel n'a pas le même regard que l'homme : l'homme regarde à ce qui frappe les yeux, mais l'Éternel regarde au cœur" » (1 S 16.7).

Recherchons-nous la « normalité » ?

Parfois, à l'église, nous imitons le « modèle médical » dans nos ministères de guérison. Cela signifie que nous cherchons un remède à une situation donnée, pour un retour à la « normalité ». Cela nous amène à une autre question : qu'entendons-nous par « normalité » ? Il se peut que la « normalité » soit une idée que nous autres humains avons construite. Dieu crée chaque personne comme l'un de ses enfants uniques ; il aime la diversité de sa création, considérant chaque personne comme spéciale, quelles que soient ses capacités et son handicap.

> Éternel, tu m'examines et tu me connais. C'est toi qui as formé mes reins, qui m'as tissé dans le ventre de ma mère. Je te loue de ce que je suis une créature si merveilleuse. Tes œuvres sont admirables, et je le reconnais bien. (Ps 139.1, 13-14)

Lorsque nous prions pour une guérison, nous limitons peut-être Dieu à agir selon nos idées humaines ; mais Dieu est infiniment plus grand que cela. Au lieu de nous arrêter sur le handicap d'une personne, nous pouvons rechercher l'image de Dieu en elle. Lorsque nous faisons cela, nous sommes plus susceptibles de prier pour le meilleur pour cette personne, plutôt que pour ce dont nous pensons qu'elle a besoin. Après tout, comme nous l'avons vu au chapitre 9, être créés à l'image de Dieu, c'est avoir l'esprit de Dieu insufflé en nous, plutôt que d'être créés selon une ressemblance physique.

Méfiez-vous des idées préconçues !

Vous êtes peut-être pasteur d'une église ou évangéliste, ou peut-être êtes-vous en formation pour devenir un responsable d'église, responsable de nombreux aspects du ministère, y compris celui de la guérison. Lorsque vous offrez une prière pour la guérison, il est important de vous méfier des présuppositions.

Par exemple, êtes-vous sûr de la raison pour laquelle une certaine personne s'est présentée pour une prière de guérison ? Imaginez la situation suivante.

L'une des membres de votre congrégation qui se déplace avec des béquilles se présente lorsque la prière pour la guérison est proposée. « Seigneur, crie le responsable laïc, aie pitié de ta servante et guéris-la. Retire l'esprit de boiterie… » Plus tard, la personne qui est venue pour la prière partage son histoire avec vous, pasteur ou évangéliste, en expliquant : « Je me suis avancée au nom de ma voisine gravement malade à l'hôpital pour demander de prier pour elle. Je n'ai pas besoin de guérir pour le moment. Je suis en bonne santé. Mais le responsable de la prière ne m'a jamais laissé la chance de m'expliquer ! » On a supposé que, parce que la paroissienne avait un handicap, elle voulait « guérir ». Si la personne qui venait demander la prière ne boitait pas, aurions-nous fait cette supposition ?

Êtes-vous unique ?

Vous êtes né avec un visage d'une certaine forme : il peut être légèrement allongé, ou plutôt rond ; vos yeux peuvent être très rapprochés ou écartés. Cela fait partie de votre identité, de votre caractère unique. De même, une personne peut naître avec un bras, une jambe ou un côté de son corps paralysé. Cette personne a l'habitude d'être ainsi et n'a jamais connu un état différent. Certaines personnes handicapées ont le sentiment que lorsque vous priez pour qu'elles guérissent, vous leur retirez une partie de leur identité. Leur identité inclut la paralysie d'un côté, les problèmes d'audition ou les troubles d'apprentissage. Prier pour que ces personnes soient « guéries » de leur handicap implique qu'elles ne sont pas acceptables telles quelles sont et cela les prive de leur identité.

Cependant, il serait faux de supposer que les personnes qui ont un handicap pensent toutes de cette manière. Certaines aspirent à un traitement, à être libérées de leurs déficiences, de l'inconfort et du rejet. Certaines familles, qui consacrent leur vie aux soins des personnes handicapées, prient constamment pour que ces soins leur soient plus légers à porter. Ces personnes préféreraient un traitement médical pour les membres de leur famille. Mais nous ne devrions pas supposer qu'un changement physique soit forcément ce que souhaitent les personnes handicapées.

En résumé

Nous avons discuté de nombreuses questions dans ce chapitre. Nous avons examiné la différence entre guérison et traitement et vu comment cela est abordé dans la Bible. Nous avons examiné les textes bibliques en relation avec l'absence apparente de changement physique après la prière, et nous nous sommes interrogés sur les notions de normalité et d'unicité dans la création humaine.

À la fin de notre étude, nous revenons à Jésus et à son exemple en tant que Fils de Dieu. Dans Luc 5, nous avons lu que Jésus a rencontré un homme atteint de lèpre. Le lépreux supplia Jésus de le guérir : « "Seigneur, si tu le veux, tu peux me rendre pur." Jésus tendit la main, le toucha et dit : "Je le veux, sois pur." Aussitôt la lèpre le quitta » (Lc 5.12b-13).

Le point étonnant ici n'est pas tant la guérison que l'action de Jésus : « Jésus tendit la main et toucha le lépreux. C'était une action radicale dont Jésus faisait montre. Jésus n'avait pas besoin de le toucher – mais il l'a fait – pour briser les interdits qui séparent les gens. Les barrières sociales doivent être brisées si l'on veut une véritable guérison[7]. »

Sommes-nous prêts à briser les barrières sociales et les interdits comme Jésus l'a fait ?

---

7. Wati LONGCHAR, dans *Sprouts of Disability Theology*, sous dir. Christopher RAJKUMAR, Nagpur, Inde, National Council of Churches in India, 2012, p. 40 [traduction libre].

10

À la découverte de personnages bibliques habilités par Dieu

Des vases de terre

> En effet, le Dieu qui a ordonné que la lumière brille du sein des ténèbres a aussi fait briller sa lumière dans notre cœur pour faire resplendir la connaissance de la gloire de Dieu dans la personne de [Jésus-]Christ. Nous portons ce trésor dans des vases de terre afin que cette puissance extraordinaire soit attribuée à Dieu, et non à nous.
> (2 Co 4.6-7)

Nous avons déjà examiné le fait que nous sommes créés à l'image de Dieu et que cela concerne la relation plutôt qu'une quelconque ressemblance physique. Nous allons à présent nous pencher sur quelques personnages de la Bible dont les relations et l'identité ont été renforcées par Dieu malgré leur propre sentiment d'insuffisance.

Dans Exode 3, nous lisons que Dieu apparaît à Moïse. Ce fut un moment crucial pour Moïse, un moment où Dieu se révéla par son nom. Peut-être que pour nous aussi, lorsque nous lisons l'autodéclaration de Dieu, c'est un moment crucial. Moïse fut choisi par Dieu pour servir une cause puissante : conduire les Israélites hors de l'esclavage vers le pays que Dieu leur avait promis. Moïse était-il enthousiasmé par cette tâche ? Non, il était clairement réticent ! Sachant que Moïse avait besoin d'être personnellement rassuré, Dieu se présenta par son nom : « Dieu dit à Moïse : "Je suis celui qui suis." Et il ajouta : "Voici ce que tu diras aux Israélites : 'Je suis m'a envoyé vers vous'" » (Ex 3.14).

Les noms sont extrêmement importants. Comme l'écrit John Goldingay : « En tant qu'être humain, je peux être décrit au moyen d'une liste de caractéristiques, telles que enthousiaste, imaginatif, original, dynamique et sans prétention [...]

Pourtant, de telles listes ne résument pas la personne de manière satisfaisante[1]. » Nous est-il déjà arrivé de décrire quelqu'un comme « cet homme avec un seul bras » ou « cette fille qui ne comprend pas/ne parle pas » ? Mais lorsque vous désignez la personne par son prénom, comme Pierre ou Suzanne, cette personne existe ; vous affirmez qui elle est. Et Dieu nous connaît, vous et moi, par nos noms.

Vous, avec votre personnalité, vos attributs physiques et votre nom, constituez une combinaison unique qui ne se retrouve chez personne d'autre. Dieu savait que Moïse avait besoin de cette rencontre personnelle avec lui, utilisant le nom de Dieu, Yahweh. Pourquoi Moïse manquait-il de confiance ? Parce qu'il avait un trouble de la parole et doutait de ses capacités : « Moïse dit à l'Éternel : "Ah, Seigneur, je ne suis pas un homme doué pour parler et cela ne date ni d'hier ni d'avant-hier, ni même du moment où tu as parlé à ton serviteur. En effet, j'ai la bouche et la langue embarrassées" » (Ex 4.10). Le fait que Moïse persiste à éviter l'appel de Dieu dans sa vie suscita la colère du Seigneur ; cependant, sa colère était principalement due au fait que Moïse ne voyait que son handicap et doutait que Dieu puisse l'utiliser, tandis qu'au-delà de son handicap, Dieu voyait ses capacités, sa sagesse et sa persévérance. Avoir un nom nous donne une identité distincte et ouvre des possibilités. Vous souvenez-vous comment Dieu a appelé Adam dans Genèse 3.9 ? C'était comme si Dieu l'appelait par son nom, disant : « Adam, Adam, où es-tu ? » Et dans Ésaïe 43.1b, Dieu dit : « N'aie pas peur, car je t'ai racheté. Je t'ai appelé par ton nom : tu m'appartiens ! »

Jacob avait une histoire mitigée. Après avoir trompé son frère Esaü au sujet de la bénédiction de son père réservée au premier-né, Jacob a connu un moment d'anxiété, craignant la réaction d'Esaü lorsqu'ils se sont revus. Mais Dieu avait pour Jacob un plan qui changerait l'histoire. Genèse 32 nous parle d'une rencontre personnelle entre « un homme » et Jacob. Bien qu'il n'y ait aucune certitude quant à l'identité de « l'homme », de nombreux commentateurs s'accordent pour dire qu'il est possible que ce soit Dieu sous une forme humaine[2]. L'« homme » a demandé à Jacob son nom, l'identifiant ainsi en tant qu'individu : il a ensuite donné à Jacob un nom nouveau et un but nouveau qui était lié à son nouveau nom. Jacob est devenu Israël : « Il ajouta : "Ton nom ne sera plus Jacob, mais tu seras appelé Israël, car tu as lutté avec Dieu et avec des hommes et tu as été vainqueur" » (Gn 32.28).

---

1. John GOLDINGAY, dans *Encounter with Mystery : Reflections on L'Arche and Living with Disability*, sous dir. Frances YOUNG, Londres, Darton, Longman & Todd, 1997, p. 138 [traduction libre].
2. Voir par exemple Gordon WENHAM, « Genesis 16–50 », *Word Biblical Commentary*, Dallas, Word, 1994, p. 296 ; James McKEOWN, « Genesis », *Two Horizons OT Commentary*, Grand Rapids, MI, Eerdmans, 2008, p. 154.

Jacob garda un souvenir de sa lutte ; sa hanche était endommagée et il resta boiteux. C'était un souvenir de victoire, un changement profond pour Jacob – non seulement son changement de nom, mais aussi son héritage : il serait l'ancêtre d'une nation et d'un groupe de nations (Gn 35.11). Son handicap était loin d'être un attribut négatif pour Jacob, il devint son identité de vainqueur.

Christ était-il handicapé ?

> Pourtant, ce sont nos souffrances qu'il a portées, c'est de nos douleurs qu'il s'est chargé. Et nous, nous l'avons considéré comme puni, frappé par Dieu et humilié. Mais lui, il était blessé à cause de nos transgressions, brisé à cause de nos fautes : la punition qui nous donne la paix est tombée sur lui, et c'est par ses blessures que nous sommes guéris. (Es 53.4-5)

Ésaïe brosse un tableau saisissant du serviteur souffrant. Il est transpercé, écrasé physiquement et mentalement ; il est blessé. Cette image est celle d'un Christ que nous choisissons parfois d'oublier. Christ a été marqué de façon permanente, à la vue de tous, et pourtant nous lisons trop souvent le Nouveau Testament avec le point de vue d'un homme valide. Peut-être considérons-nous que les personnes handicapées sont en-deçà de la perfection souhaitée par Dieu ; mais cela peut-il être vrai ? Du berceau à la tombe, Jésus a été l'objet de rejet, méprisé et stigmatisé. Le terme « stigmates » fait référence à des coupures ou des marques sur la peau, souvent faites dans le but de marquer une personne pour l'exclure ; il en résultait des cicatrices permanentes. Après la crucifixion, Jésus fut marqué de façon permanente, ainsi que l'ont noté les écrivains des Évangiles :

> Jésus vint alors se présenter au milieu d'eux et leur dit : « Que la paix soit avec vous ! » Après avoir dit cela, il leur montra ses mains et son côté. Les disciples furent remplis de joie en voyant le Seigneur. [...] Mais il [Thomas] leur dit : « Si je ne vois pas dans ses mains la marque des clous, si je n'y mets pas mon doigt et si je ne mets pas ma main dans son côté, je ne croirai pas. » (Jn 20.19b-20, 25)

Ces cicatrices post-crucifixion n'étaient pas cachées ; Jésus a demandé à ses disciples de les toucher. Cela a non seulement permis aux disciples de croire que le Christ était vraiment ressuscité, mais cela a également rendu à Jésus son humanité, le contact humain qui est si important dans une relation chaleureuse.

Y a-t-il des moments où nous avons peur de toucher une personne handicapée, en particulier celles qui ne communiquent pas verbalement et que nous avons du mal à comprendre ? Dans Ésaïe 49.15-16a, Dieu dit qu'il a gravé nos noms sur la paume de ses mains. Cela signifie-t-il qu'il a inscrit nos noms à travers les cicatrices par lesquelles il nous a sauvés ? Si c'est le cas, nous faisons partie intégrante de sa souffrance et de ceux pour lesquels Jésus est mort. Comme l'écrit John Hull : « Selon la foi chrétienne, la réalité salvatrice de Dieu en Christ n'était pas sa perfection immédiate et brillante, mais son humilité[3]. »

Les versets suivants nous montrent un aspect du caractère et du ministère de Jésus :

> Que votre attitude soit identique à celle de Jésus-Christ : lui qui est de condition divine, il n'a pas regardé son égalité avec Dieu comme un butin à préserver, mais il s'est dépouillé lui-même en prenant une condition de serviteur, en devenant semblable aux êtres humains. Reconnu comme un simple homme, il s'est humilié lui-même en faisant preuve d'obéissance jusqu'à la mort, même la mort sur la croix. (Ph 2.5-8)

Jésus était « de condition divine » et pourtant il s'est dépouillé de ses attributs divins en prenant une forme humaine, acceptant l'humble rôle de serviteur. Il est paradoxal que, dans les dernières heures avant la crucifixion, ce soit la vulnérabilité de Jésus qui lui ait valu la victoire. C'était un temps où la force humaine était à bout et où le puissant travail de Dieu devait être rendu manifeste.

En quoi cela concerne-t-il notre réflexion à propos de l'Église et des personnes handicapées ? Cela nous ramène peut-être au verset cité au début de ce chapitre. Le trésor de la présence de Dieu en nous, sa lumière du salut, est conservée dans nos corps vulnérables, décrits dans 2 Corinthiens 4 comme « des vases de terre ». Ce n'est pas la force humaine qui compte, ce n'est pas l'intellect supérieur (bien que les deux puissent être utiles) ; c'est plutôt le Christ œuvrant à travers notre vulnérabilité et notre faiblesse qui permet à sa lumière de briller en force. Lorsque nous pensons aux gens de manière négative à cause de leurs handicaps, n'oublions-nous pas que nous sommes tous des « vases de terre » mais que Dieu peut néanmoins nous utiliser ? Dieu nous rachète toujours par l'amour malgré notre vulnérabilité.

---

3. Hull, *Disability : The Inclusive Church Resource*, p. 87 [traduction libre].

Job et ses « consolateurs »

Job est l'un des personnages bibliques que nous associons le plus aux difficultés. Il nous est tout d'abord présenté comme possédant une grande richesse matérielle, étant béni par une grande descendance et semblant avoir une vie que certaines personnes penseraient parfaite. Dieu permet alors au diable de tester Job au maximum, pour voir s'il va renier Dieu. Les amis de Job lui rendent visite et l'écoutent alors qu'il regrette le jour qui l'a vu naître et souhaite ardemment que Dieu prenne sa vie (Job 3 et 6). Malheureusement, au lieu de laisser Job exprimer ses sentiments, ses amis pensent qu'il a dû pécher et que sa souffrance est la sanction de Dieu (voir par exemple Job 4). Nous savons que ce n'est pas le cas à cause de ce que nous avons lu dans les chapitres 1 et 2 de Job. Dans Job 2.3, nous lisons : « L'Éternel dit à Satan : "As-tu remarqué mon serviteur Job ? Il n'y a personne comme lui sur la terre. C'est un homme intègre et droit. Il craint Dieu et se détourne du mal. Il persévère dans son intégrité et c'est sans raison que tu m'incites à le perdre". » Les amis de Job s'attendaient à une attitude de fausse pénitence qui aurait été malsaine et injustifiée puisque Dieu a déclaré Job irréprochable.

De même, en tant que dirigeant d'église, vous devrez faire face à des situations dans lesquelles les gens sont dans une grande souffrance. Répondre en disant simplement « Louez Dieu en toutes choses » ne rend pas justice à l'humanité de ces personnes. La lamentation est fortement présente dans les Psaumes, quand David exprime ses angoisses. Alison Lo écrit : « Il est malsain d'adopter un culte optimiste et triomphaliste au sein d'un grand désarroi [...] La lamentation a besoin d'être exprimée, elle ne devrait pas être refoulée[4]. » Même le Christ s'est lamenté auprès de son Père : « Vers trois heures de l'après-midi, Jésus s'écria d'une voix forte : "Eli, Eli, lema sabachthani ?" – c'est-à-dire : Mon Dieu, mon Dieu, pourquoi m'as-tu abandonné ? » (Mt 27.46.)

Le fait de répandre notre chagrin et notre douleur devant Dieu peut apporter la guérison et la paix à notre esprit et apaiser notre âme afin qu'elle puisse entendre Dieu. Cependant, certaines personnes peuvent avoir besoin de conseils pour que leur plainte les amène vers la paix avec Dieu. Ne les pressez pas, mais quand elles sont prêtes, guidez-les doucement dans cette direction. En tant que pasteur, savoir écouter les gens dans leurs lamentations est une aptitude importante qui caractérise un ministère centré sur Dieu.

---

4. Alison Lo, dans *Encounter with God* (Bible Notes), 13 Juillet 2018, Milton Keynes, Scripture Union, p. 19 [traduction libre].

Valoriser nos frères et sœurs

Les parents qui sont responsables d'enfants gravement handicapés doivent faire face à de nombreuses questions difficiles concernant l'amour et les soins futurs apportés à leurs enfants. Dans *Discovering Trinity in Disability*, les auteurs écrivent leurs préoccupations concernant leur fille handicapée :

> Alors, où nous positionnons-nous en tant que chrétiens ? Ou plus précisément, à quelle communauté voulons-nous appartenir ? Nous sommes dans le monde mais sommes-nous du monde ? Le monde dévalue Aleksandra [leur fille] : elle ne travaillera pas (n'aura pas de revenus), ne votera pas (ne remplira pas de devoir civique), ne se nourrira pas elle-même (ne connaîtra pas l'autonomie). Les normes du monde disent qu'elle est un fardeau pour la société. Mais qu'en est-il de l'Église ? Aleksandra sera-t-elle acceptée pour ce qu'elle est ? Y aura-t-il autour d'elle une communauté de respect et de soutien lorsque nous, ses parents, mourrons ? Ou deviendra-t-elle invisible parce qu'elle aura été un miracle manqué[5] ?

Les parents d'Aleksandra soulignent que si nous, chrétiens, sommes un peuple « saint », mis à part pour l'œuvre de Dieu, les attitudes du monde ne sont pas toujours les nôtres, les valeurs du monde ne sont pas toujours nos valeurs et le comportement du monde n'est pas notre comportement. Nous sommes différents. Nous devons accueillir dans nos relations ceux que la société rejette, tout comme Jésus l'a fait, quitte à choquer les dirigeants en brisant les traditions de longue date. Ainsi que le dit Manchala : « Comme le disent les Évangiles, Jésus n'a pas demandé à ses disciples d'appeler les gens à un système de croyance, mais à une relation d'alliance par une vocation d'œuvrer à la réalisation du royaume de Dieu[6]. »

En tant que chrétiens, nous accueillons et réalisons le royaume de Dieu sur terre, non pas en dévaluant les gens, mais en entretenant des relations avec tous. Dans Luc 4.18, Jésus, citant Ésaïe 61.1-2, prononça ces mots : « L'Esprit du Seigneur est sur moi parce qu'il m'a consacré par onction pour annoncer la bonne nouvelle aux pauvres ; il m'a envoyé [pour guérir ceux qui ont le cœur brisé], pour proclamer aux prisonniers la délivrance et aux aveugles le recouvrement de la vue, pour renvoyer libres les opprimés, pour proclamer une année de grâce du Seigneur. » Peut-être ne faut-il pas prendre les mots au pied de la lettre, et ne

---

5. Tataryn et Truchan-Tataryn, *Discovering Trinity in Disability*, p. 89 [traduction libre].
6. Deenabandhu Manchala, « Moving in the Spirit : Called to Transforming Discipleship », *International Review of Mission* 106, n° 2, Décembre 2017, p. 201 [traduction libre].

devrait-on pas voir dans le terme « prisonniers » des personnes détenues dans une prison ou dans le mot « aveugles » des personnes physiquement atteintes de cécité, mais plutôt comprendre que c'est un appel aux croyants à se libérer des attitudes qui emprisonnent les personnes marginalisées dans leur état, y compris celles atteintes de handicap. Au lieu de cela, nous devrions construire sur cette relation d'alliance avec Jésus.

En résumé

Si nous adorons un Dieu trinitaire, nous adorons déjà un Dieu qui vit en relation, par la nature même de qui il est. Cela étant, n'est-il pas vrai que nous sommes créés pour être en relation les uns avec les autres ? Et si nous refusons à quelqu'un l'opportunité d'être en relation, ne refusons-nous pas aussi, dans une certaine mesure, la nature même de Dieu : Père, Fils et Saint-Esprit ? C'est une relation d'amour.

11

Qu'est-ce que cela signifie, d'être humain ?

Créés pour être en relation avec Dieu

Avez-vous déjà réfléchi à ce que cela signifie, d'être humain ? D'un côté, nous pouvons examiner l'aspect physique d'un humain et voir clairement les différences entre l'animal et l'être humain. Cependant, si nous identifions l'humanité uniquement par sa réalité physique, nous créons un modèle susceptible de se baser sur la « normalité », toute autre chose étant considérée comme « déviante ».

Dans Genèse 1.27, nous lisons que l'espèce humaine est faite à l'image de Dieu. Or, nous ne pouvons pas limiter notre compréhension de Dieu à la forme physique ; être créé à l'image de Dieu n'est pas physique, mais relationnel, comme nous l'avons vu au chapitre 9. La véritable différence entre un être humain et d'autres formes de vie ne réside donc pas uniquement dans les caractéristiques physiques, elle est bien plus profonde et complexe. Comprendre ce que c'est que d'être humain est susceptible d'affecter la manière dont nous traitons les autres, et dans le contexte du handicap, cela peut affecter nos attitudes envers nos frères et sœurs handicapés et cela peut donc modifier la manière dont nous nous comportons avec eux. L'idée que la relation et l'être humain sont inséparables est un thème majeur de l'ouvrage de Rowan Williams, *Being Human*. Selon lui, notre relation fondamentale est avec Dieu, et il précise : « Ainsi [...], avant toute chose, je suis en relation avec une attention et un amour hors du monde, hors de l'histoire, hors du temps, c'est-à-dire Dieu[1]. »

Si, du fait même de notre création, notre première relation est avec Dieu, cela signifie qu'il existe en chaque être humain un lieu sacré où Dieu réside. Les

---
1. Rowan WILLIAMS, *Being Human : Bodies, Minds, Persons*, Londres, SPCK, 2018, p. 36-37 [traduction libre].

gens pourraient ne pas reconnaître Dieu en eux, mais il n'en reste pas moins que Dieu les a créés pour qu'ils aient une relation avec lui. Williams ajoute : « Cela signifie que je suis très limité dans ma liberté de faire de mon prochain ce que je veux, parce que, pour parler franchement, il ou elle ne m'appartient pas et sa relation avec moi ne représente pas tout ce que cette personne est, ni même la chose la plus importante à son sujet[2]. »

En d'autres termes, dans le contexte du handicap, lorsque je rencontre une personne dont la compréhension du monde est limitée, je ne suis pas libre de la juger en tant qu'être humain inférieur ; Dieu a déjà revendiqué cette personne comme étant aimée et de valeur. La nature de la relation que cette personne entretient avec moi n'est qu'une petite partie de ce qu'elle est ; la plus grande partie consiste en sa relation avec Dieu. Dans le contexte des personnes ayant une déficience intellectuelle profonde, Roy McCloughry cite Dietrich Bonhoeffer :

> La vie créée et préservée par Dieu possède un droit fondamental ; complètement indépendant de son utilité sociale [...]. Il n'y a pas de vie sans valeur devant Dieu, car Dieu considère que la vie elle-même a de la valeur. Parce que Dieu est le Créateur, le Conservateur et le Rédempteur de la vie, même la vie la plus pauvre devant Dieu devient une vie précieuse[3].

Les êtres humains ont certains besoins fondamentaux qui sont universels. Quelle que soit la gravité de leur handicap, dénigrer leurs besoins essentiels, c'est leur refuser leur humanité. Parmi ces besoins fondamentaux se trouve le besoin d'amour. Priver quelqu'un d'amour et de respect revient à ne pas tenir compte de sa valeur en tant qu'être humain. Jésus lui-même est notre modèle ; il a fait preuve d'amour et de compassion envers ceux que d'autres rejetaient.

Lorsque nous considérons les autres comme moins qu'humains, nous plaçons une barrière entre eux et nous, et cette barrière peut nous permettre de les ignorer ou de les maltraiter sans nous sentir coupables. Cela nous permet de soutenir que différentes normes peuvent leur être appliquées. Est-il possible que cela soit le cas dans notre attitude vis-à-vis des frères et sœurs handicapés – en particulier des personnes handicapées mentales – même au sein de cercles chrétiens ? En tant qu'êtres humains en relation avec Dieu, nous avons la responsabilité de nous traiter les uns les autres avec dignité ; si nous négligeons de le faire, nous n'honorons pas Dieu en eux. C'est quelque chose dont nous devrions nous souvenir lorsque nous nous sentons enclins à traiter d'autres personnes de manière déshonorante parce qu'elles sont différentes de nous.

---

2. *Ibid.*, p. 37 [traduction libre].
3. McCloughry, *The Enabled Life*, p. 41 [traduction libre].

Valorisés dans la communauté

Être valorisé est important pour l'être humain. Si nous sentons que nous n'avons aucune valeur, nous avons l'impression que la vie ne vaut pas la peine d'être vécue. Nous ne pouvons pas être valorisés sans nous investir dans des relations, et de ce fait, le concept d'appartenance à une communauté apporte la stabilité dans laquelle nous pouvons grandir et nous épanouir en tant qu'humains. Dieu nous valorise et nous aime inconditionnellement, mais il est difficile pour nous de le comprendre si cela n'est pas canalisé par d'autres personnes. Lorsque nous, chrétiens, valorisons l'autre et prenons soin l'un de l'autre, nous reflétons cet aspect relationnel de la nature de Dieu. C'est souvent réciproque ; nous sommes un canal pour l'acceptation et la valorisation de quelqu'un, et cela marche aussi dans l'autre sens. Ce n'est pas à sens unique. Cependant, lorsqu'une personne n'est pas valorisée et se voit refuser la relation et le sentiment d'appartenance, elle peut sombrer dans une profonde dépression – surtout si elle ne peut pas s'exprimer par le langage verbal, comme cela peut être le cas pour ceux qui ont un handicap plus profond. Ces personnes ont tout de même des sentiments, elles restent conscientes de l'amour, la sécurité et l'appartenance, même si elles ne peuvent pas exprimer cette conscience. L'appartenance apporte la guérison ; à mesure que notre relation avec une autre personne grandit, les handicaps diminuent, apportant guérison et croissance mutuelles. Nous ne parlons pas ici de guérison physique, mais de rétablissement émotionnel et spirituel. Lorsque nous éprouvons un sentiment d'appartenance, de relation avec une autre personne, il y a bien plus de chances de croître en confiance. Le développement et le changement font partie intégrante de la condition humaine. Si nous étouffons le développement d'une personne en la privant d'appartenance, de sollicitude et de reconnaissance de ses dons, nous étouffons également son humanité. Williams écrit : « Je suis une personne parce que l'on me parle et l'on me suit, et c'est dans cette vie-ci que l'on me parle, que l'on me suit et que l'on m'aime[4]. »

Peut-être devrions-nous maintenant nous poser une question difficile : pourquoi voyons-nous si peu de personnes handicapées dans nos églises ? Et nous ne parlons pas du seul handicap physique, mais de tous les types de handicap, y compris ceux « invisibles » tels que l'épilepsie ou la maladie mentale. Au départ, nous serons peut-être enclins à rechercher des explications simples : il est physiquement difficile de se rendre à l'église, il n'y a personne pour les accompagner, ou peut-être pensons-nous qu'il y a peu de personnes handicapées dans nos paroisses. Cependant, si nous voulons être honnêtes, la véritable explication est probablement bien différente.

---

4. WILLIAMS, *Being Human*, p. 45 [traduction libre].

Les cultures et les sociétés changent aujourd'hui beaucoup plus rapidement que par le passé, en grande partie en raison des réseaux sociaux et de la communication mondiale qui apportent de nouvelles idées aux communautés. Le changement sociétal est communautaire ; mais les personnes handicapées, si elles ne sont pas intégrées dans les communautés, y compris la communauté ecclésiale, sont exclues des changements en cours et deviennent de plus en plus marginalisées.

L'Église en tant que communauté

Si un élément important de la condition humaine consiste en l'appartenance, en la relation humaine avec les autres, l'étape suivante est l'inclusion dans un groupe, quel que soit ce groupe. Si l'église est ce groupe ou cette communauté, inclure des personnes handicapées dans la vie de l'église est une reconnaissance de leur humanité. Cette inclusion reconnaît leurs dons, ce qu'ils peuvent offrir au développement de l'église et ce que nous pouvons leur donner. Amos Yong écrit, à propos des personnes ayant une déficience intellectuelle en particulier : « De quelle manière l'Église pourrait-elle commencer à se rendre compte de la puissance de l'Évangile dans la vie des personnes ayant une déficience intellectuelle, afin que nous considérions non seulement le ministère *auprès de* ces personnes, mais aussi le ministère *en collaboration avec* elles[5] ? »

Chaque être humain a sa personnalité unique. Ainsi que nous le lisons dans le Psaume 139 : « C'est toi qui as formé mes reins, qui m'as tissé dans le ventre de ma mère. Je te loue de ce que je suis une créature si merveilleuse. Tes œuvres sont admirables, et je le reconnais bien » (Ps 139.13-14).

Lorsque nous privons une personne de la liberté de se développer physiquement, spirituellement, émotionnellement et socialement, nous lui retirons la liberté de devenir pleinement humaine. Nous ne réalisons pas toujours que nous limitons la liberté de quelqu'un ; mais quand nous, communauté d'église, n'offrons pas une main d'acceptation et d'amour à un frère ou à une sœur vivant avec un handicap, nous limitons en fait leur liberté. La Convention des Nations Unies relative aux droits des personnes handicapées[6] stipule dans de nombreux articles que les personnes handicapées ont droit à la liberté dans

---

5. Amos Yong, *The Bible, Disability, and the Church : A New Vision of the People of God*, Grand Rapids, Eerdmans, 2011, p. 111, italiques dans l'original [traduction libre].
6. Nations Unies, « Texte intégral de la Convention relative aux droits des personnes handicapées », https://www.un.org/development/desa/disabilities-fr/la-convention-en-bref-2/texte-integral-de-la-convention-relative-aux-droits-des-personnes-handicapees-13.html, consulté le 23 mars 2020.

tous les domaines de leur vie (voir, par exemple, les articles 9, 14, 15, 16 et beaucoup d'autres). Cela inclut le droit de participer aux activités de la société. Si nous inhibons la liberté d'une personne, n'inhibons-nous pas également notre propre liberté ? Dans son autobiographie, Nelson Mandela déclare : « Je ne suis pas vraiment libre si je prive quelqu'un d'autre de sa liberté, tout comme je ne suis pas libre si l'on me prive de ma liberté [...] être libre, ce n'est pas simplement se débarrasser de ses chaînes : c'est aussi vivre d'une façon qui respecte et renforce la liberté des autres[7]. »

L'ordre nouveau du Christ

Être humain ne consiste pas à rechercher la sagesse, la beauté ou la force chez quelqu'un ; il ne s'agit pas non plus de foi profonde, de bonnes œuvres et de prière. Pour nous, chrétiens, il s'agit plutôt de reconnaître le visage de Dieu chez l'autre, de le voir comme un être humain créé par Dieu et doté d'une grande valeur pour cette raison-même. Dans le Psaume 8, nous lisons ceci à propos de l'être humain : « Tu l'as abaissé pour un peu de temps au-dessous des anges, tu l'as couronné de gloire et d'honneur » (Hé 2.7). Peu importe qu'une personne ait un trouble d'apprentissage sévère : elle est toujours estimée par Dieu, créée par lui, et est couronnée de gloire et d'honneur. Quelle vérité incroyable ! C'est souvent que, pour la personne handicapée, le manque d'acceptation de l'autre conduit à la haine de soi. Comment pouvez-vous apprendre à vous aimer vous-même lorsque ceux qui vous entourent vous traitent comme si vous n'aviez aucune capacité, ne pouviez pas être autonome et ne valiez pas grand-chose aux yeux du monde ? Le monde de Dieu est différent ; et nous, disciples du Christ, sommes des exemples de l'ordre nouveau : celui du faible, qui est fort (1 Co 1.27-29), du dernier qui devient premier (Mc 10.31 ; Lc 13.30), du pauvre d'esprit qui devient riche dans l'intelligence de Dieu (Mt 5.3) et de l'aveugle qui voit (Jn 9.25-33). Dieu croit en nous, nous a choisis et a des projets pour nous – « des projets de paix et non de malheur, afin de [nous] donner un avenir et de l'espérance » (Jr 29.11).

En résumé

Discuter pleinement de ce que signifie être humain prendrait un livre entier, mais nous avons brièvement abordé la question et examiné certains aspects essentiels. Nous avons vu que la relation fondamentale de chaque personne est

---

7. Nelson MANDELA, *Un long chemin vers la liberté. Autobiographie*, trad. Jean Guiloineau, Paris, Fayard, 2015, numéro de page inconnu, extrait du livre consulté le 23 mars 2020 sur Google Livres.

avec Dieu lui-même. Par conséquent, lorsque que nous communiquons les uns avec les autres, nous communiquons avec Dieu à travers l'autre personne, ce qui devrait certainement encourager une attitude de respect mutuel. Nous affirmons que tous les êtres humains doivent être aimés et valorisés pour s'épanouir et qu'un sentiment d'appartenance à une relation avec les autres apporte une guérison mutuelle. Lorsque l'inclusion et l'intégration dans la société deviennent la norme, nous partageons la liberté d'être le peuple que Dieu a voulu créer.

12

Un seul corps
Partager nos dons

> Le corps forme un tout mais a pourtant plusieurs organes, et tous les organes du corps, malgré leur grand nombre, ne forment qu'un seul corps. Il en va de même pour Christ. (1 Co 12.12)

Le corps : une entité unifiée

Le corps n'est-il pas surprenant ? Il se compose de multiples parties, ayant chacune une fonction différente contribuant à le garder en bonne santé, mais elles dépendent toutes les unes des autres pour fonctionner correctement. Aucune partie du corps n'est dénuée d'importance si nous désirons la complétude.

Il en va de même avec l'Église, souvent appelée « le corps de Christ ». Ce corps compte également de nombreux membres, chacun ayant un rôle à jouer dans la réalisation de l'ordre missionnaire de Matthieu 28.19-20. Si certains membres du corps de Christ se voient refuser le droit à remplir un rôle, l'unité et la complétude du corps de Christ sont menacées.

Paul est très clair sur l'unité dans le choix de ses termes pour décrire le corps : « En effet, que nous soyons Juifs ou Grecs, esclaves ou libres, nous avons tous été baptisés dans un seul Esprit pour former un seul corps et nous avons tous bu à un seul Esprit. Ainsi, le corps n'est pas formé d'un seul organe, mais de plusieurs » (1 Co 12.13-14).

Si nous essayons de nous mettre à la place de ceux qui ont entendu pour la première fois ces paroles de Paul, nous commencerons à comprendre à quel point sa déclaration devait être alarmante. En effet, Paul affirme que, Juifs ou non-Juifs, nous sommes un, unis par l'Esprit. Or, les Juifs croyaient souvent que les non-Juifs étaient impurs, il leur était donc difficile d'accepter un discours sur l'égalité avec les non-Juifs. Nous savons à quel point l'affiliation tribale peut être importante ; elle fait partie de qui nous sommes, de notre identité. Paul affirme qu'en dépit de ces différences, nous sommes entraînés dans une unité à travers le Saint-Esprit, plus forte et plus fondamentale que les différences, et cette unité prime sur tout le reste. La présence intérieure du Saint-Esprit nous permet de respecter nos différences et de les utiliser de façon créative afin que nos dons soient révélés dans le corps de Christ.

L'unité inclut et valorise les autres

Nos différences ne concernent pas uniquement le fait que nous soyons Juifs ou non-Juifs, ou notre appartenance à une tribu ou à une autre : nous pouvons inclure la différence entre vivre avec un handicap et être en bonne santé. Si Paul parle d'un seul corps du Christ par le biais de l'Esprit, cette unité ne doit-elle pas aussi inclure les personnes handicapées ? Pourtant, la vérité est qu'en tant qu'Église, nous oublions souvent les dons que les personnes handicapées peuvent apporter au corps de Christ ; nous oublions que l'unité par l'Esprit est plus fondamentale que le fait d'être valide ou handicapé.

Paul utilise une histoire amusante pour illustrer son propos concernant la valorisation des talents personnels. Nous pourrions raconter l'histoire de cette façon :

> *Un jour, le pied était vraiment en colère parce qu'il sentait que personne ne le traitait bien. Il décida de se plaindre au corps et déclara : « Je veux être une main. La main est importante ; tout le monde aime la main et en prend soin car elle fait des choses complexes. Si je ne peux pas être une main, je ne sentirai pas que je fais partie du corps. »*
>
> *Puis l'oreille entendit sa plainte et pensa : « C'est le bon moment pour me plaindre. » Elle a donc ajouté : « Eh bien, je ne suis pas importante non plus ; tout le monde pense que l'œil est important parce qu'il est sur le devant du visage. Je suis coincée sur le côté de la tête, alors personne ne se soucie de moi ! L'œil fait partie du corps, mais moi, je ne fais pas partie du corps. »*
>
> *Il y eut un court silence, puis Dieu dit : « J'ai fabriqué le corps. Chaque partie du corps est importante et a un travail à faire. Même les parties que les gens estiment être sans importance, je les rends particulièrement importantes. »*

Après cela, tout le monde était heureux parce que chaque partie se sentait respectée et avait un rôle à jouer dans le corps. (Cf. 1 Co 12.15-20)

Derrière une histoire amusante, il y a souvent une vérité à assimiler. Les personnes handicapées se sentent-elles impuissantes et sans espoir lorsqu'elles essaient d'utiliser leurs dons dans l'Église ? Comme nous en avons discuté dans le chapitre précédent, être valorisé est essentiel pour l'être humain et favorise la confiance en soi et la maturité. Dans l'illustration de Paul, les parties du corps commencent à se disputer parce qu'elles ne se penchent pas sur les dons de chacune, mais sur l'importance que chacune s'attribue dans le corps. Les personnes handicapées adorent le même Dieu que les personnes non handicapées, sont baptisées du même Esprit et reçoivent des dons à utiliser dans le corps du Christ, mais on leur refuse souvent la possibilité de les utiliser. Dachollom Datiri commente : « Chaque membre d'un corps a besoin des autres. De même, chaque chrétien a besoin des autres. Cette idée apparaît nettement dans le proverbe africain : "La main gauche lave la droite et la main droite lave la gauche[1]". »

Valoriser les dons des uns et des autres

Nous avons déjà noté comment chaque partie du corps physique fonctionne de concert avec les autres parties du corps. Dans l'Église, nous pouvons encourager une attitude qui valorise la contribution de chaque personne, handicapée ou non, à la communauté et à la mission de l'Église. Cette attitude exprime : « Vous avez des dons que nous pouvons utiliser dans notre groupe. » Nous examinerons cela plus en détail au chapitre 20. « Si nous remarquons les compétences des gens et leur prodiguons encouragements et soutien pour qu'ils utilisent les dons que Dieu leur a attribués, les gens y gagneront d'être connus pour faire ce qu'ils savent bien faire. Trop souvent pourtant, les gens sont critiqués et rabaissés, amenés à se sentir gênés ou honteux[2]. »

Dans Éphésiens, Paul écrit ce qui suit : « En réalité, c'est lui qui nous a faits ; nous avons été créés en Jésus-Christ pour des œuvres bonnes que Dieu a préparées d'avance afin que nous les pratiquions » (Ep 2.10). Qui est le « nous » dont parle Paul ? Il s'agit de nous, êtres humains, créés à l'image de Dieu ; nous sommes transformés par sa grâce, portant son image et désirant faire son œuvre ici sur

---

1. Dachollom DATIRI, « 1 Corinthiens », dans Tokunboh ADEYEMO, sous dir., *Commentaire biblique contemporain*, Paris, Éditions Farel, 2008, p. 1501-1502.
2. Tony PHELPS-JONES, *Making Church Accessible to All : Including Disabled People in Church Life*, Abingdon Bible Reading Fellowship, 2013, p. 138 [traduction libre].

terre. Ce désir profond et cette passion de faire l'œuvre de Dieu ne se limitent pas à ceux qui sont valides ; pour chacun d'entre nous, un travail a été planifié.

C'est une pensée stimulante ! Peut-être avez-vous en tête l'image d'une personne qui semble avoir une faible compréhension du monde qui l'entoure, et vous vous demandez : « Comment cette personne peut-elle jouer un rôle dans notre église ? » C'est une bonne question que nous ne devrions pas passer sous silence. Nous devrons aussi peut-être nous en poser une autre : est-il nécessaire qu'un bon travail s'effectue de manière active ? Ne peut-il avoir lieu sans action concrète ? Voyons cela de plus près ; nous allons utiliser une petite histoire en guise d'illustration.

Rachel était rentrée d'une journée de travail vraiment difficile ; elle se sentait fatiguée et contrariée par l'attitude de son patron. « Je n'ai pas envie de préparer le repas pour maman, pensa-t-elle, je préférerais passer la soirée à regarder la télévision. Mais je sais que maman sera fatiguée après s'être occupée de Michael toute la journée, alors je suppose que je devrai cuisiner. » Ce n'était pas la première fois que Rachel se sentait contrariée par le fait que son grand frère, qui avait de graves difficultés d'apprentissage, prenait tant de temps précieux consacré à la famille. De mauvaise humeur, Rachel se rendit à l'endroit où son frère était assis dans son fauteuil roulant. « Bonjour, Michael, le salua-t-elle. Ça va ? »

Michael tourna lentement la tête vers elle et la regarda avec des yeux calmes et sereins et un léger sourire. Il y avait une paix profonde en lui et Rachel comprit soudainement que cette sérénité était bien plus forte que sa propre agitation et sa frustration. C'était presque comme si Michael avait été rempli de cette « paix qui dépasse la compréhension ». Alors que son frère continuait à la regarder avec patience et confiance, Rachel sentit lentement ses problèmes disparaître. « Oh, Seigneur, je pense que tu viens de me parler de paix et de contentement, murmura-t-elle, merci pour le rappel. » Elle décida de préparer le repas, mais elle se sentait maintenant beaucoup plus détendue et était très reconnaissante envers Dieu pour l'avoir encouragée par l'intermédiaire de Michael.

Michael n'avait rien *fait* ; il était juste lui-même, créé, aimé et utilisé par Dieu pour bénir les autres. Sa confiance en Rachel était un exemple de ce que devrait être notre confiance en Christ.

Si nous croyons vraiment que chaque personne est le produit unique de l'œuvre de Dieu, ce qui est écrit dans 1 Corinthiens 12.7 devient alors évident : « Or, à chacun la manifestation de l'Esprit est donnée pour le bien de tous. » Dachollom Datiri commente : « Comme toujours, il [Paul] précise que chacun a un don qui est très utile à la communauté et que les dons ne sont pas accordés pour le bénéfice de la personne concernée mais pour *l'utilité (commune)*[3]. »

Inclure nos frères et sœurs handicapés

À certains égards, inclure nos frères et sœurs handicapés dans la vie de l'église ne devrait pas être différent d'inclure n'importe qui d'autre. Il s'agit de discerner leurs dons et de découvrir grâce à eux dans quel ministère Dieu pourrait les appeler à participer à la vie de l'église. Il faudra sans doute les encourager à se convaincre qu'ils ont effectivement un don à partager. Les personnes handicapées sont souvent marginalisées, ce qui entraîne un manque de confiance en elles. L'inclusion consiste à leur donner le choix d'utiliser leurs dons dans le corps de l'Église. Comme nous l'avons vu dans le chapitre précédent, nous perdons notre propre liberté lorsque nous refusons à une personne celle d'utiliser ses dons pour l'Église. Nous devrions encourager une attitude favorable au développement des capacités des autres dans le corps du Christ. Cet aspect sera abordé en détail au chapitre 20.

Peut-être devrions-nous poser une question encore plus difficile : est-il inconfortable pour les chrétiens « normaux » de voir une personne ayant une déficience évidente prendre l'offertoire et s'avancer en boitant ? Sommes-nous réticents à laisser une personne ayant des difficultés d'apprentissage et un handicap de parole distribuer les livres avant le service ? Nous devons être très honnêtes envers nous-mêmes et identifier les obstacles qui empêchent les personnes handicapées d'être mises en avant à l'église. S'il est vrai que cela nous met mal à l'aise, à quoi est dû ce sentiment ? Pouvons-nous accepter le fait qu'il nous faudrait peut-être changer d'attitude pour pouvoir voir le visage du Christ chez nos frères et sœurs handicapés ? Myroslaw Tataryn propose cette idée :

> Qu'en serait-il si le pasteur décidait que la place des paroissiens handicapés était à côté des autres paroissiens ? Il faudrait déployer des efforts pour apprendre à s'adapter aux particularités des personnes qui semblent trop différentes pour s'adapter aux équipements standards. Cela demande de la créativité. Cela nécessiterait certainement un dialogue avec chaque personne ayant besoin d'une adaptation des lieux. Cela imposerait l'existence d'une relation. Cela créerait un havre de paix. En fait, ce serait un

---

3. Datiri, « 1 Corinthiens », dans Tokunboh Adeyemo, sous dir., *Commentaire biblique contemporain*, Paris, Éditions Farel, 2008, p. 1501 (italiques dans l'original).

témoignage de l'exemple que Jésus offre à ses disciples, souvent à leur grand désarroi : parler à, manger avec, remarquer, et s'adresser à ceux-là même qu'il était censé éviter[4].

En résumé

Reconnaître les dons des personnes handicapées et leur donner l'occasion d'exploiter ces dons devrait être chose normale dans la vie de l'église, reconnaissant ainsi que l'Église est un seul corps uni. Malheureusement, certaines parties du corps se voient refuser la place qui leur revient de droit dans l'église et se retrouvent aussi marginalisées là qu'elles le sont dans la vie quotidienne. Pourtant, n'est-il pas vrai de dire qu'une église qui n'inclut pas les personnes vivant avec un handicap est une église incomplète ?

---

4. TATARYN et TRUCHAN-TATARYN, *Discovering Trinity in Disability*, p. 17 [traduction libre].

Section III

Bienvenue dans notre église inclusive !

La section III propose des applications pratiques aux responsables d'églises et à la communauté en matière de handicap. Les idées se situent dans un contexte africain. Le chapitre 15 met en lumière certains droits fondamentaux de l'homme en matière de handicap. Les droits des personnes handicapées ont été dénigrés non seulement dans les familles mais aussi dans la société en général. Ce chapitre examine quelques articles de la Convention des Nations Unies relative aux droits des personnes handicapées. L'intention est de sensibiliser les lecteurs à reconnaître les personnes handicapées comme membres participatifs de la société et qui ont des droits, tout comme les autres. Il s'agit également d'encourager les responsables des églises et des communautés à donner l'exemple en matière de protection des droits des personnes handicapées.

Le chapitre 16 approfondit la question de l'égalité des chances entre les femmes et les hommes handicapés. Dans un contexte africain, le niveau de marginalisation entre femmes et hommes handicapés varie. Dans la plupart des pays africains, les femmes handicapées subissent plus de discrimination que les hommes en raison de croyances persistantes qui entraînent une double discrimination : l'une due à leur statut de femme et l'autre en raison de leur handicap. Non seulement leur participation dans la société est limitée, mais elles sont également exposées à des abus sexuels et à d'autres formes de violence physique pouvant menacer leur vie. Les barrières sociales augmentent leur vulnérabilité et les réduisent au silence, même quand leurs droits sont déniés ou violés. Ce chapitre souligne que tout le monde a un rôle à jouer dans la promotion de l'égalité des femmes et des hommes handicapés. Nous apprendrons également que pour parvenir à l'égalité des genres, le chemin doit commencer le plus tôt possible, dès l'enfance. Concrètement, cela devrait être fait au niveau de la famille et au niveau de la communauté. Les responsables communautaires, y compris les responsables d'églises, devraient contribuer au changement en sensibilisant la communauté à l'égalité des genres et en offrant des opportunités aux femmes et aux hommes handicapés à différents niveaux de responsabilité.

Dans le chapitre 17, nous examinerons l'interrelation entre handicap et pauvreté et la manière dont ceux-ci s'impactent mutuellement. Nous verrons comment les personnes handicapées, en particulier en Afrique, font face à des opportunités sociales et économiques limitées qui les mènent finalement à la pauvreté. Les personnes handicapées sont souvent amenées à croire que leur état de santé ne peut être traité à l'hôpital et elles dépendent donc de la médecine traditionnelle ; cela conduit à une détérioration de leur situation et augmente leur pauvreté. Les personnes pauvres risquent davantage de souffrir de malnutrition et d'être privées de l'accès aux interventions de santé ; cela peut aggraver une déficience existante ou même, causer la déficience. Ce chapitre démontrera que les pauvres et les riches, qu'ils soient handicapés ou non, vivent dans la même communauté. La question est de savoir comment ceux qui sont riches peuvent soutenir les personnes handicapées qui ne le sont pas, pour améliorer leurs moyens de subsistance. Nous reconnaissons que certaines organisations, y compris des organisations ecclésiales, ont contribué aux efforts déployés par les gouvernements pour faire face aux défis sociaux. Cependant, il n'est pas facile de savoir si les services proposés bénéficient de façon égale aussi bien aux personnes handicapées qu'aux personnes valides. Nous constatons également que certaines personnes, en raison de leur handicap, manquent de confiance en elles pour mener une vie décente. L'église peut les aider en les encourageant à comprendre leur état et à réaliser leur potentiel, et en leur donnant le pouvoir de participer activement aux activités de développement.

Dans le chapitre 18, nous verrons pourquoi le plaidoyer pour les personnes handicapées est important. En effet, dans la société africaine, elles ne jouissent pas du même niveau d'accès aux droits que les personnes non handicapées. Cela prouve la nécessité d'œuvrer à plaider pour elles. Il nous faut admettre qu'il n'est pas facile de défendre les droits des personnes handicapées ; il faut de l'engagement et de la patience, car en temps normal, obtenir des résultats prend du temps. Le plaidoyer peut être frustrant car il est complexe et touche parfois aux intérêts personnels des gens ; par conséquent, il est important de surmonter les obstacles et d'en tirer des leçons. Ce chapitre examine les compétences et les moyens nécessaires pour mettre le plaidoyer en pratique, tout en gardant à l'esprit que le plaidoyer peut être plus efficace lorsque les personnes handicapées parlent pour elles-mêmes, car elles connaissent mieux que quiconque les défis auxquels elles font face. Vous est-il jamais venu à l'esprit que Jésus s'est engagé dans le plaidoyer ? Ce chapitre montre que la Bible justifie clairement le fait de parler au nom des autres.

L'inclusion des personnes handicapées dans tous les domaines de la vie devient un problème de plus en plus critique dans la société. Les derniers chapitres identifient des questions pratiques à aborder. Par exemple, votre église est-elle une église inclusive du handicap ? Ces chapitres suggèrent des idées pour créer une église accessible et inclusive. Un environnement physique convivial pour les personnes handicapées est la première chose à prendre en compte lorsqu'on construit une église ou que l'on entreprend des aménagements. Les personnes à mobilité réduite ont besoin d'une infrastructure adaptée à leurs besoins. Le chapitre 20 propose des idées pour rendre l'église physiquement accessible, notamment en créant des rampes et des toilettes facile d'accès. Lorsque vous décidez de rendre votre église accessible, vous devez également penser à créer un service inclusif. Ne pensez pas seulement aux personnes ayant un handicap physique ; les personnes ayant une déficience visuelle, auditive ou intellectuelle, par exemple, ont toutes des besoins particuliers pour pouvoir participer au service.

Nous convenons tous que nous avons été créés avec des capacités différentes, mais il est important de reconnaître les différents talents et dons de chaque personne, indépendamment de sa condition. Tout le monde a quelque chose à offrir dans l'église quand nous avons tous la possibilité de participer.

13

Handicap et droits de l'homme
Pas seulement une préoccupation laïque

Le domaine des « droits » peut être tout entier sujet à controverse, en particulier lorsque nous ajoutons la diversité des points de vue qui émanent de personnes de confessions et croyances différentes et même de contextes politiques différents. Dans ce chapitre, nous examinerons brièvement certains droits fondamentaux de l'homme, ainsi que quelques éléments de la Convention des Nations Unies sur les droits des personnes handicapées.

Une partie de notre travail consiste à faire des visites à domicile aux familles ayant des enfants handicapés. Parfois, on remarque un contraste entre les vêtements de l'enfant handicapé et ceux de ses frères et sœurs, l'enfant handicapé portant parfois des vêtements usés, déchirés et trop légers, alors que ses frères et sœurs sont mieux vêtus. Les parents expliqueront sans doute qu'il est difficile de vêtir tous les enfants de la même manière. Bien qu'il soit compréhensible que les difficultés financières pour maintenir une famille vêtue, nourrie et éduquée soient immenses, cette situation soulève certaines questions. Y a-t-il un jugement de valeur à l'encontre de l'enfant handicapé ? Pourquoi cet enfant n'a-t-il pas été vêtu convenablement, de sorte qu'il ou elle a eu froid, alors que les autres portaient des vêtements adaptés ? Peut-être que cet enfant n'est pas apprécié de la même manière que les autres enfants de la famille. L'enfant handicapé dépend davantage de la personne qui s'occupe de lui ; mais le temps et l'attention nécessaires peuvent lui être retirés, le laissant sans une bonne hygiène.

Dans Matthieu 25.31-40, Jésus a enseigné autre chose. Bien que ce texte soit connu, il contient un message qu'il nous arrive d'oublier à force de l'avoir entendu : quand quelqu'un prend le temps ou fait l'effort de respecter ceux que les autres considèrent comme moins dignes, cette personne fait preuve de respect et d'engagement envers Dieu.

Quels sont les droits fondamentaux de l'homme ?

La Commission pour l'égalité et les droits de l'homme du Royaume-Uni déclare :

> Les droits de l'homme sont les droits et libertés fondamentaux qui appartiennent à chaque personne dans le monde, de la naissance à la mort. [...] Ces droits fondamentaux reposent sur des valeurs communes telles que la dignité, l'équité, l'égalité, le respect et l'indépendance. Ces valeurs sont définies et protégées par la loi[1].

Dans la « Déclaration universelle des droits de l'homme » de l'Organisation des Nations Unies, de nombreux articles traitent du droit à ne pas faire l'objet de comportements ou d'actions de nature à diminuer une personne ou à lui nuire, et du droit à vivre librement, sans distinction aucune, notamment d'âge, de sexe et de capacité physique ou mentale. L'article 25 stipule : « Toute personne a droit à un niveau de vie suffisant pour assurer sa santé, son bien-être et ceux de sa famille, notamment pour l'alimentation, l'habillement, le logement, les soins médicaux ainsi que pour les services sociaux nécessaires[2][...]. »

Bien que le respect universel des droits de l'homme soit loin d'être une réalité, nous devrions tous œuvrer dans ce sens, et les dirigeants d'églises peuvent encourager cela dans leurs contacts avec les dirigeants de la communauté. Peut-être que les droits de l'homme dont nous parlons sont précisément ce que Jésus a enseigné et démontré tout au long de sa vie.

Une déclaration spécialement dédiée aux personnes handicapées

En décembre 2006, une nouvelle convention concernant les personnes handicapées a été adoptée ; il s'agit de la Convention des Nations Unies relative aux droits des personnes handicapées. Elle est entrée en vigueur en mai 2008. Cette nouvelle convention s'est révélée nécessaire à la suite des expériences négatives auxquelles les personnes handicapées étaient continuellement confrontées dans la société, souvent privées des droits fondamentaux à un niveau de vie égal et à l'égalité des chances avec les personnes non handicapées. Elle a contribué à changer l'opinion générale selon laquelle les personnes handicapées sont des

---

1. « What Are Human Rights ? », Equality and Human Rights Commission, consulté le 29 octobre 2018, https://www.equalityhumanrights.com/en/human-rights/what-are-human-rights [traduction libre].
2. Article 25 de la « Déclaration universelle des droits de l'homme », de l'Organisation de Nations Unies, consulté le 23 mars 2020, https://www.un.org/fr/universal-declaration-human-rights/index.html.

objets à prendre en pitié et à prendre en charge, conduisant à la reconnaissance de ces personnes en tant que membres actifs de la société, ayant le droit de prendre des décisions concernant leur vie et d'assumer des responsabilités comme les autres. Dans l'article premier, la Convention stipule : « La présente Convention a pour objet de promouvoir, protéger et assurer la pleine et égale jouissance de tous les droits de l'homme et de toutes les libertés fondamentales par les personnes handicapées et de promouvoir le respect de leur dignité intrinsèque[3]. »

Il n'est pas possible d'examiner ici tous les articles de la Convention, mais quelques-uns méritent une attention particulière. L'article 9 stipule :

> Afin de permettre aux personnes handicapées de vivre de façon indépendante et de participer pleinement à tous les aspects de la vie, les États Parties prennent des mesures appropriées pour leur assurer, sur la base de l'égalité avec les autres, l'accès à l'environnement physique, aux transports, à l'information et à la communication, y compris aux systèmes et technologies de l'information et de la communication[4][...].

On a observé, dans un pays d'Afrique de l'Est, que les personnes en fauteuil roulant empruntant les transports en commun sont tenues de déposer leur fauteuil roulant sur le porte-bagages. Cela double le tarif de la course, ce qui rend les voyages très coûteux pour une personne qui vit peut-être déjà au seuil de pauvreté, ou presque. En conséquence, la personne finit par se confiner à la maison, fréquentant rarement les autres. Le fauteuil roulant agit comme une jambe et, en vertu de l'article 9, une telle personne a le droit d'accéder à tous les aspects de la vie sociale. L'article 3 stipule :

> *Les principes de la présente Convention sont :*
> a. Le respect de la dignité intrinsèque, de l'autonomie individuelle, y compris la liberté de faire ses propres choix, et de l'indépendance des personnes ;
> b. La non-discrimination ;
> c. La participation et l'intégration pleines et effectives à la société ;

---

3. ONU, Article premier de la « Convention relative aux droits des personnes handicapées », consulté le 23 mars 2020, https://www.un.org/esa/socdev/enable/documents/tccconvf.pdf.
4. ONU, Article 9 de la « Convention relative aux droits des personnes handicapées », consulté le 23 mars 2020, https://www.un.org/esa/socdev/enable/documents/tccconvf.pdf.

d. Le respect de la différence et l'acceptation des personnes handicapées comme faisant partie de la diversité humaine et de l'humanité ;
e. L'égalité des chances ;
f. L'accessibilité ;
g. L'égalité entre les hommes et les femmes ;
h. Le respect du développement des capacités de l'enfant handicapé et le respect du droit des enfants handicapés à préserver leur identité[5].

Cet article inclut la participation et l'intégration à la société dans les droits des personnes handicapées. Bien qu'il y ait une amélioration à cet égard au niveau gouvernemental dans certains pays, beaucoup d'autres ne permettent toujours pas aux personnes handicapées de participer activement à la société et à la prise de décision. Dans les pays où des progrès ont eu lieu, l'Église a joué un rôle de premier plan. En tant que dirigeant d'église, êtes-vous prêt à relever ce défi ? Dans sa vie, Jésus a été un exemple d'inclusion, remarquant et prenant soin des membres de la société marginalisés et oubliés. On en trouve des exemples dans Marc 1.40-42 ; 5.24b-34 ; Luc 13.10-17 ; 17.11-19.

Sections concernant l'éducation et la santé

L'article 24 souligne le droit des enfants à l'éducation sur le même pied d'égalité que les autres, tandis que l'article 25 parle de l'égalité d'accès aux services de santé et aux traitements. Sommes-nous sur le point d'atteindre l'égalité en matière d'éducation et d'accès aux soins ? Certains pays ont mis en place des politiques en matière d'éducation inclusive, mais les mettre en œuvre demeure un défi majeur.

Bien des gouvernements ont des ressources limitées et peuvent être amenés à donner la priorité à d'autres problèmes de développement. En ce qui concerne les soins, les personnes handicapées subissent encore des préjugés lorsqu'elles se rendent dans les établissements de santé. Par exemple, les personnes prenant des médicaments pour l'épilepsie doivent se rendre dans leur centre de santé tous les mois pour les recevoir. Il n'est pas rare pour une personne handicapée de rester assise toute la journée à attendre l'assistant médical, pendant que d'autres arrivent, se font soigner et repartent. N'est-ce pas cela, la discrimination ?

---

5. *Ibid.*, Article 3.

*Figure 13.1. Les élèves d'une section spéciale avec leur enseignant.
Photo ©Bridget Hathaway*

Il est utile de lire le résumé de la Convention des Nations Unies relative aux droits des personnes handicapées, disponible en ligne sur le site Web des Nations Unies à l'adresse suivante https://www.un.org/esa/socdev/enable/documents/tccconvf.pdf.

En résumé

Richard Lewis dit :

> « Mais Dieu a choisi les choses folles du monde pour couvrir de honte les sages, et Dieu a choisi les choses faibles du monde pour couvrir de honte les fortes. Dieu a choisi les choses basses et méprisées du monde, celles qui ne sont rien, pour réduire à néant celles qui sont (1 Co 1.27-28). » L'Église devrait être un environnement formidable pour ceux que la société considère comme les plus bas et les plus indignes, et elle l'est souvent. Ce sont précisément ces personnes que Jésus a choisies pour être ses disciples, car Jésus est venu pour servir et non pour être servi[6].

Bien que le sujet des droits de l'homme puisse être complexe, nous avons toujours la responsabilité d'agir lorsque nous constatons une injustice à l'égard d'une personne handicapée. Nous devrions rechercher la direction et la sagesse de Dieu, en nous rappelant l'exemple de Jésus.

---

6. Richard Lewis, « Disabling Dated Perceptions », *Evangelical Alliance*, le 26 Octobre 2018, https://www.eauk.org/news-and-views/disabling-dated-perceptions.

14

Genre et handicap
L'égalité des chances existe-t-elle ?

L'égalité entre femmes et hommes est une problématique transversale dans le monde entier sur la scène du développement. Les questions de genre concernent les relations entre hommes et femmes et leur égalité d'accès aux ressources sociales et de contrôle sur ces ressources. Dans ce chapitre, nous examinons non seulement la relation entre genre et handicap, mais également l'égalité d'accès des hommes et des femmes handicapés aux services sociaux et la réceptivité du public à leurs besoins.

Aspects du genre et du handicap : les femmes sont-elles plus exposées au risque de discrimination que les hommes ?

Dans les pays émergents, toutes les personnes défavorisées vivent dans des conditions précaires, mais les hommes et les femmes sont confrontés à des défis différents. Cela varie d'une société à l'autre. Par exemple, dans la plupart des pays africains, les femmes peuvent être davantage victimes de discrimination que les hommes en raison des croyances de la société à l'égard des femmes handicapées. La société peut penser que les femmes handicapées sont incapables de s'acquitter de leurs responsabilités de femme, lesquelles consistent, selon la perception générale, à satisfaire sexuellement leur compagnon et à prendre soin des enfants. En revanche, la société pense qu'un homme, même handicapé, mérite d'avoir des opportunités sociales et qu'il peut épouser une femme sans handicap pour le soutenir. Quant aux femmes qui n'ont pas de handicap, on s'attend aussi à ce qu'elles portent la lourde charge de s'occuper des enfants handicapés.

Dans les pays africains, les femmes handicapées sont confrontées à des limitations et à des défis plus importants en ce qui concerne la participation sociale, en particulier pour ce qui est de leurs chances de se marier et de leurs moyens de subsistance. Les femmes courent également un plus grand risque d'abus sexuel et d'autres formes de violence physique, ce qui met leur vie en danger. Par exemple, des femmes handicapées ont été violées et abandonnées avec la charge de s'occuper d'enfants dont le père est totalement absent et souvent inconnu. « Il existe un fort consensus sur le risque auquel sont exposées les femmes et les enfants. "Les femmes handicapées sont particulièrement vulnérables à la discrimination et à la violence (trois à cinq fois plus susceptibles de souffrir de violence et d'abus que la population [féminine] moyenne)"[1]. »

Les jeunes femmes et filles handicapées courent également un risque plus élevé de contracter des maladies sexuellement transmissibles en raison des mythes existants dans les sociétés africaines, selon lesquels si vous avez des relations sexuelles avec une fille handicapée, vous réussirez dans la vie et toutes vos maladies incurables disparaîtront (voir chapitre 6). En réalité, la seule chose qui se produit est que les femmes handicapées sont infectées par ces MST. « Une méta-analyse récente sur la prévalence du VIH chez les adultes handicapés en Afrique subsaharienne [...] suggère que les femmes handicapées sont particulièrement touchées par l'épidémie de VIH[2]. »

Malheureusement, les femmes handicapées victimes d'abus sexuels et d'autres formes de violence physique restent silencieuses en raison d'obstacles sociaux qui limitent leur capacité à attirer l'attention des autorités. La discrimination fait que les femmes handicapées sont partiellement, sinon totalement, exclues de la prise de décision, même en ce qui concerne les problèmes qui affectent leur vie, comme le mentionne l'International Disability Alliance :

> Les femmes handicapées représentent une femme sur cinq et 65 % du milliard de personnes handicapées dans le monde entier. Cependant, leurs voix ne sont pas prises en compte dans les processus décisionnels généraux concernant le genre et le handicap,

---

1. Carmen ARROYO et Emily THAMPOE, citant André Félix, responsable de la communication externe au Forum européen des personnes handicapées, « Africa : Children and Women with disabilities, More Likely to Face Discrimination », All Africa, consulté le 16 novembre 2018, https://allafrica.com/stories/201808160405.html [traduction libre].
2. Von Muriel MAC-SEING et Dorothy BOGGS, « Triple Discrimination against Women and Girls with Disabilities », consulté le 16 novembre 2018, https://www.medicusmundi.ch/fr/bulletin/mms-bulletin/adresser-violence-sexuelle-et-vih/adresser-la-violence-sexuelle-et-sexiste-dans-les-projets/triple-discrimination-against-women-and-girls-with-disability [traduction libre].

ainsi que dans les programmes de genre ou de handicap [souvent absents] visant à répondre à leurs droits et à leurs besoins[3].

Le statut des moyens de subsistance des personnes handicapées et des personnes non handicapées est biaisé en faveur de ces dernières. En Afrique, la situation est encore pire pour les femmes handicapées en raison de l'inaccessibilité pour elles des chances en matière d'éducation par rapport aux hommes handicapés :

> Les femmes et les enfants sont les plus discriminés au sein de la communauté handicapée. Un rapport présenté au Secrétaire général des Nations Unies sur la situation des femmes et des filles handicapées indique que si 12 % des hommes sont handicapés, un nombre légèrement plus élevé de femmes (19 %) sont handicapées. En outre, entre filles et garçons handicapés, les filles ont beaucoup moins de chances de terminer leurs études primaires que les garçons. Et elles sont plus exposées à la violence sexuelle[4].

Les femmes handicapées sont-elles privées de pouvoir par la société ?

Certaines pratiques culturelles compromettent également la capacité des femmes handicapées à participer à des activités sociales, politiques et économiques. Cela laisse d'office les femmes handicapées à la traîne dans la plupart des aspects de la vie. En raison d'une éducation inadéquate et d'une faible exposition à la société, les femmes handicapées ne peuvent s'exprimer, restent sans protection et sont incapables de bénéficier d'opportunités telles que les prêts visant à accroître les capacités financières des individus, proposés par le gouvernement ou par d'autres institutions financières. Les filles handicapées ont peu de chances de suivre une formation qui leur permettrait d'acquérir des compétences professionnelles et sans doute de subvenir à leurs besoins.

Comme indiqué dans les chapitres précédents, l'éducation des enfants handicapés en Afrique est encore insuffisante. C'est dans les zones urbaines que les enfants handicapés profitent le mieux des quelques opportunités disponibles. En raison de la rareté des possibilités d'éducation, qui s'ajoutent à d'autres problèmes liés aux comportements et aux croyances culturelles des

---

3. « Participation of Women with Disabilities in Decision-Making Processes », International Disability Alliance, consulté le 19 novembre 2018, http://www.internationaldisabilityalliance.org/events/participation-women-disabilities-decision-making-processes#_ftn1 [traduction libre].
4. Arroyo et Thampoe, « Africa : Children and Women with Disabilities » [traduction libre].

communautés, les garçons handicapés ont en général plus de possibilités d'être éduqués que les filles. Même les quelques filles handicapées qui vont à l'école ont peu de chances d'aller au-delà du primaire. Pour toutes ces raisons, certaines femmes handicapées sont obligées de sortir dans la rue et d'avoir recours à la mendicité.

Église, genre et handicap

Le rôle général de l'Église est de rassembler les gens, quelle que soit leur condition, car nous croyons que chaque personne est créée à l'image de Dieu. Les dirigeants d'églises ont de bonnes opportunités et une influence certaine pour œuvrer en faveur de l'égalité, non seulement entre les hommes et les femmes handicapés, mais également entre ceux qui sont handicapés et ceux qui ne le sont pas. Afin d'atteindre l'égalité des genres, le chemin doit commencer le plus tôt possible, dès l'enfance. Les enfants doivent commencer à voir femmes et hommes, handicapés ou non, assumer les mêmes rôles et responsabilités dans l'église. Dans ce contexte, afin de promouvoir l'égalité des genres et l'inclusion, on devrait envisager de confier les différents postes dans l'église aux personnes handicapées, quel que soit leur sexe. Les dirigeants d'églises devraient insister sur l'interaction entre les personnes valides et les personnes ayant une déficience. Les femmes handicapées doivent être encouragées à s'accepter elles-mêmes et être aidées et soutenues, afin qu'elles puissent réaliser leur potentiel et s'intégrer dans la communauté ecclésiale.

Nous avons vu des églises qui ont commencé un ministère pour les personnes handicapées, ce qui peut grandement contribuer à apporter un changement dans la société. Par exemple, dans certains pays, les églises anglicanes et catholiques ont créé des programmes pour les personnes en situation de handicap interpellant toute la communauté. Les responsables d'églises sont encouragés à parler au nom des femmes handicapées pour assurer la protection de leurs droits. Les activités de l'église peuvent inclure des programmes de sensibilisation pour apporter aux femmes handicapées l'information qui leur permettra de bénéficier des services sociaux de la même manière que les autres groupes de la communauté.

En résumé

Les personnes handicapées se voient privées de leurs droits fondamentaux dans la société. Toutefois, la situation des femmes est souvent bien pire que celle des hommes en raison à la fois de leur féminité et de leur handicap. La discrimination à l'égard des femmes handicapées varie d'une société à l'autre –

par exemple par le déni de l'accès à l'éducation et aux autres services sociaux. Lorsque l'on examine les questions de genre du point de vue de l'Église, la vision est généralement de rassembler les gens sans discrimination ; valoriser leurs capacités, protéger leurs droits et assurer la participation égale d'hommes et de femmes handicapés dans l'Église et dans la communauté.

15

Les liens entre pauvreté et handicap

Dans un contexte africain, il est impossible de parler de handicap sans penser à la pauvreté. Dans les pays émergents (à faibles revenus), handicap et pauvreté sont liés ; le handicap peut aussi bien être une cause qu'une conséquence de la pauvreté. En effet, les personnes handicapées ont un accès limité à l'éducation, aux services de santé et aux opportunités de développement socio-économique. Il existe une grande différence à cet égard entre ce que l'on appelle communément les pays « développés » et les pays « en voie de développement ». Dans les pays « développés », les personnes handicapées ont généralement accès à l'éducation, aux services de santé, etc. En revanche, dans les pays « en voie de développement », les personnes handicapées, qui ont le même désir qu'ailleurs d'améliorer leur qualité de vie, disposent de ressources insuffisantes et sont confrontées à des barrières sociales qui affectent leur statut socio-économique et celui de leurs familles.

La pauvreté peut-elle causer un handicap ?

Le handicap peut être une conséquence de la pauvreté parce que les personnes qui vivent en deçà du seuil de pauvreté sont soit complètement démunies, soit dénuées des ressources suffisantes pour satisfaire leurs besoins essentiels. Elles ne peuvent pas se permettre des soins de santé de qualité, importants lorsqu'il s'agit de prévenir ou contrôler les maladies pouvant entraîner une déficience. Par exemple, dans de nombreuses régions d'Afrique, les pauvres souffrent de maladies graves qui nécessitent des soins médicaux appropriés, telles que l'ostéomyélite, la méningite, la rougeole, les maladies des yeux et le paludisme. Les personnes issues de familles pauvres ajournent leur visite aux établissements de santé pour obtenir un traitement approprié et s'appuient parfois sur les médicaments traditionnels qui peuvent ne pas être utiles. Cela aggrave leur état et peut éventuellement conduire à une déficience.

Les personnes en grande précarité ne peuvent pas non plus s'offrir une alimentation saine. Cela conduit à la malnutrition et au manque des vitamines essentielles au développement physique et mental, ce qui peut éventuellement causer un handicap. L'absence d'interventions des institutions de santé publique en faveur de la vaccination, de l'assainissement de l'eau, ou pour pallier le manque d'eau salubre constituent aussi des facteurs de risque. L'impossibilité de payer des services de soins, tels qu'une intervention chirurgicale majeure ou des interventions médicales régulières pour des maladies de longue durée, peut aggraver un handicap déjà présent ou en provoquer un autre. La pauvreté augmente également les risques pour ceux qui vivent et travaillent dans des situations insalubres, susceptibles de nuire à leur santé.

Le handicap peut-il donc causer la pauvreté ?

Dans de nombreux pays africains, les personnes handicapées sont souvent victimes de discrimination sociale ou d'exclusion ; cette attitude de marginalisation contribue à les empêcher d'accéder aux soins de santé et aux autres services sociaux. Elles sont obligées de rester chez elles, ce qui les empêche de participer à des activités socio-économiques au sein de la communauté. Isolées de la communauté, ces personnes font face à des troubles émotionnels, ce qui accroît leur vulnérabilité et leur manque de participation aux activités économiques.

Certains enfants handicapés n'ont aucune possibilité d'éducation, non seulement parce qu'ils ne peuvent pas aller à l'école, mais aussi parce qu'ils sont confrontés à des problèmes tels qu'une infrastructure hostile, des ressources inadéquates et un manque de professionnels pour les aider à développer leur potentiel. C'est pourquoi, quand ils grandissent, ils restent au chômage, incapables de faire valoir leurs dons, ce qui les aiderait pourtant à gagner leur vie. Il est difficile pour les personnes handicapées d'obtenir un emploi, même quand elles vont à l'école et obtiennent de bonnes qualifications. Cela est dû soit à la difficulté d'accès au lieu de travail, soit à la discrimination sociale persistante au sein de la communauté.

Certaines personnes deviennent handicapées à l'âge adulte à la suite de maladies ou d'accidents graves. Ces personnes ont toujours été le soutien de leur famille mais se retrouvent soudainement déficientes. Elles peuvent dépenser beaucoup d'argent et de temps en traitements et demeurer incapables de travailler, ce qui entraîne une diminution du revenu familial.

L'Église joue-t-elle un rôle dans la réduction de la pauvreté pour les personnes handicapées ?

L'Église rassemble des personnes de différentes classes économiques ; les riches et les pauvres prient ensemble et vivent dans la même communauté ecclésiale. Certaines églises disposent de nombreuses ressources, auxquelles contribuent normalement leurs membres, riches et pauvres. Mais comment l'Église peut-elle aider à améliorer les moyens de subsistance de ses paroissiens, en particulier de ceux qui ont un handicap ? Nous reconnaissons que les églises (toutes confessions confondues) se tiennent à l'avant-garde quand il s'agit de faire face aux défis sociaux tels que la faim, les services de santé et l'éducation. Mais les services proposés sont-ils également utiles aux personnes handicapées quand il s'agit de réduire leur pauvreté ? L'expérience montre que de nombreuses églises se concentrent sur le soutien caritatif plutôt que d'œuvrer à autonomiser leurs paroissiens pour qu'ils assurent leur subsistance de manière durable. La meilleure façon d'aider les personnes handicapées et leurs familles est de les encourager à accepter et à croire qu'elles ont été aussi créées à l'image de Dieu et qu'elles ont des capacités similaires à celles des autres, malgré leur handicap (cf. chapitre 9). Aidez-les à réaliser leur potentiel, encouragez-les à utiliser leurs capacités au sein de l'église et à participer à des activités de développement (cf. chapitre 18).

Essayez autant que possible de créer des opportunités d'éducation pour les enfants et les jeunes handicapés en plaidant pour eux et en les mettant en relation avec les écoles existantes ou les centres professionnels dans lesquels ils peuvent acquérir des connaissances de base et des compétences pour des possibilités d'emploi. Les connaissances acquises peuvent les aider à démarrer des projets générateurs de revenus pour subvenir à leurs besoins. Des campagnes de sensibilisation au handicap conduites par l'église et la communauté entière seraient aussi un autre moyen de promouvoir l'acceptation des personnes handicapées. Les dirigeants d'églises peuvent également être responsables d'identifier et de mettre en relation les personnes à déficience avec les organisations d'aide aux personnes handicapées, où elles peuvent accéder aux services de réhabilitation. Cela peut atténuer leurs conditions invalidantes et ouvrir l'accès à des services sociaux qui, à terme, réduiront leur vulnérabilité. L'Église devrait montrer la voie en identifiant les capacités des personnes handicapées et en créant des possibilités d'emploi au sein de l'Église.

En résumé

Sur la base de ce dont nous avons discuté dans ce chapitre, nous concluons que le handicap est à la fois une cause et une conséquence de la pauvreté. Il y a un lien étroit entre les deux. L'Église a de réelles occasions d'apporter des changements dans la communauté afin que les personnes handicapées puissent échapper à la pauvreté. Mais l'Église ne peut le faire seule, elle a besoin de la participation d'autres parties prenantes, y compris celle des personnes handicapées elles-mêmes. En tant que grande famille, l'Église est bien placée pour sensibiliser la communauté à assurer le meilleur engagement des personnes handicapées dans les activités de développement.

16

Le plaidoyer

Partie 1 : le plaidoyer d'un point de vue général

Beaucoup de personnes engagées dans le plaidoyer ne savent probablement pas que c'est ce qu'elles font. Si une personne est impliquée dans une activité visant à défendre les droits de personnes ou de groupes défavorisés, elle fait automatiquement du plaidoyer. Le plaidoyer a souvent pour objectif d'apporter des changements dans les attitudes sociales et les structures publiques discriminatoires qui affectent la vie des groupes marginalisés. Des personnes ou des groupes peuvent s'exprimer au nom d'autres personnes dont les droits ont été violés.

Bien que la protection des droits des personnes doive être la règle pour nous tous, certains ignorent les problèmes ou ne sont pas en mesure de se lancer dans des activités de plaidoyer en raison de leurs intérêts personnels. L'expérience prouve que les personnes handicapées sont victimes de discrimination et d'injustice sociale dans leurs communautés, en particulier dans les pays africains. Les militants luttent pour elles, afin d'assurer la protection de leurs droits et pourtant, nous constatons que ceux-ci continuent d'être violés, même par leurs propres familles. Certains gouvernements ont élaboré de bonnes politiques qui, si elles étaient mises en pratique, pourraient améliorer de manière positive la vie des personnes handicapées. Malheureusement, ces politiques ne sont toujours pas appliquées ; dans le cas présent, ce n'est pas seulement une question d'ignorance ou de négligence, c'est aussi le manque de volonté politique qui contribue à cette situation.

Le plaidoyer pour les personnes handicapées est-il vraiment nécessaire ?

Les personnes handicapées sont marginalisées et désavantagées dans la plupart des sociétés en raison des défis sociaux auxquels elles sont confrontées.

Ces défis peuvent différer d'une société à l'autre. Par exemple, dans certains contextes sociaux, les personnes handicapées peuvent avoir accès à l'éducation ou aux soins de santé, mais leur participation à la vie politique est limitée ; dans d'autres, elles peuvent bénéficier d'autres services sociaux mais n'ont aucune possibilité d'emploi. Par conséquent, elles ne bénéficient pas du même niveau d'accès aux services sociaux que les personnes valides. Parler en leur nom pour les rapprocher au moins du niveau des autres est donc très important.

Est-il facile de plaider la cause des personnes handicapées ?

Comme pour toute activité de défense des droits, plaider en faveur des droits des personnes handicapées nécessite engagement et patience. Récolter les fruits du travail du plaidoyer prend généralement beaucoup de temps. Les défenseurs des droits des personnes handicapées devraient être bien informés des cadres juridiques et des structures gouvernementales en place chargés de protéger les droits des handicapés. La capacité d'identifier et d'analyser les problèmes est cruciale car tout problème doit être analysé de manière critique et communiqué à ceux que vous souhaitez soutenir.

Imaginons, par exemple, que vous voyiez un parent maltraiter son enfant handicapé et que vous souhaitiez agir ; vous devez être sûr que les mauvais traitements infligés à l'enfant ne constituent pas un acte isolé mais qu'ils se produisent de manière répétée, et porteront préjudice à l'enfant. Vous pouvez être amené à vous demander qui d'autre pourrait vous aider à protéger les droits de cet enfant. Que pensent les autres membres de la famille de ce problème ou bien font-ils également partie du problème ? Sont-ils capables d'aider le parent à changer de comportement ? Savez-vous ce que la loi dit à propos de cette situation ? Si le parent n'accepte pas vos conseils, pouvez-vous demander aux personnes au pouvoir de travailler avec vous et d'amener le cas devant la justice ? Soyez prudent quand vous plaider la cause d'une personne handicapée, car cela peut créer un conflit entre vous et la personne dont vous vous occupez. Il est très important de fournir des informations claires à la famille afin de l'aider à comprendre le problème, car parfois les gens agissent par ignorance.

Est-il possible que le plaidoyer soit tenu par une seule personne ?

Il est possible de plaider seul, en particulier lorsque la cause que vous défendez concerne une seule personne ou une seule famille. Cela nécessite normalement des séances de sensibilisation et de conseil à la personne ou à la famille. Sensibiliser et conseiller peut être effectué par une seule personne, si celle-ci est capable d'identifier le problème, de l'analyser, puis d'agir en tant qu'agent de changement pour l'individu, la famille ou le groupe. Cela est principalement effectué par des professionnels tels que les travailleurs sociaux, les travailleurs communautaires, les avocats et d'autres personnes capables de prendre en charge les problèmes des autres et de se sentir concernés par eux. Certaines personnes handicapées peuvent également parler au nom des autres auprès du gouvernement ou d'autres autorités, dans la mesure où elles sont capables de communiquer l'information et de convaincre d'autres personnes de comprendre et de s'entendre sur la question.

Le plaidoyer peut également être fait par un groupe organisé ; il peut s'agir de groupes communautaires ou d'associations de personnes handicapées. Cela peut être plus efficace car les personnes handicapées peuvent ainsi parler pour elles-mêmes. Ces groupes peuvent parfois avoir besoin de conseils de professionnels, ou d'une personne du groupe possédant des compétences en matière de plaidoyer. Ils doivent savoir ce qu'ils souhaitent dire, à qui ils souhaitent le dire et à quel moment il serait bon de rencontrer l'interlocuteur concerné. Il est particulièrement important de faire appel à des groupes pour plaider lorsque la cause que vous défendez concerne les politiques ou les pratiques sociales courantes. Les groupes peuvent utiliser les campagnes publiques ou les médias pour sensibiliser le public afin de modifier la mentalité dans la communauté.

Figure 16.1. Les réunions communautaires peuvent être un puissant outil de plaidoyer. Photo ©Julieth Aloyce, reproduite avec autorisation.

Mobilisation de parties prenantes au travail de plaidoyer

L'implication d'autres parties prenantes dans le plaidoyer est inévitable. La nature du problème que vous souhaitez défendre défihira quelles sont les personnes avec lesquelles vous devez vous engager. Identifier les parties prenantes pertinentes est une étape importante, en particulier lorsque vous traitez un problème qui concerne beaucoup de personnes.

Vous pourriez décider d'organiser une rencontre ou une réunion au cours de laquelle vous pourrez discuter de votre sujet ; au cours de cette réunion, vous serez amenés à trouver des soutiens potentiels et à en écarter d'autres. Commencez par dialoguer avec ceux qui soutiennent votre idée ; pas à pas, vous pouvez réussir à convaincre ceux qui, au départ, semblaient réticents. Établir un plan vous éclairera sur ce que vous voulez réaliser et les étapes à suivre pour atteindre votre but.

Cette approche est principalement appliquée dans le plaidoyer visant à changer les pratiques ou les systèmes généraux dans la communauté. Plaider auprès des individus peut ne pas nécessiter une planification systématique ; vous aurez plutôt besoin de bien comprendre le problème, maîtriser ce que vous souhaitez faire connaître à la personne et l'approche que vous utiliserez.

Défis inhérents au plaidoyer

Lors du plaidoyer, notamment en public, un certain nombre de personnes seront impliquées, qui ne seront pas toutes de votre côté. D'autres sans doute souhaiteront que vous échouiez, et il y aura peut-être un petit nombre – voire personne – qui vous soutiendra. Cela peut même empirer si vous accusez des personnes influentes ou des responsables gouvernementaux de ne pas faire respecter les droits des personnes handicapées. Certains vous jugeront parfois déraisonnable ; cela pourra vous amener à vous rétracter et vous finirez par échouer. Dans une telle situation, vous devez être courageux et continuer à avancer. Le plus important est de vous assurer que vous avez des preuves qui étayent ce dont vous parlez. Essayez de communiquer aux gens, du mieux possible, des informations claires, pour les sensibiliser au problème et les convaincre d'être à vos côtés. Si vous optez pour une campagne médiatique, faites en sorte de mobiliser les gens et de garantir un grand nombre d'adhérents lors de la campagne. Identifiez ceux qui pourraient vous aider à influencer les autres ou qui pourraient faire avancer les choses. Si vous réussissez à attirer ne serait-ce que quelques personnes, utilisez cet avantage pour vous aider à prévoir les obstacles que vous pourriez rencontrer et demandez-leur de vous aider à définir des stratégies vous permettant d'éviter ou de surmonter les obstacles.

En résumé

Vous pouvez vous sentir déçu lorsque vous faites un plaidoyer pour la première fois et que les choses ne se passent pas bien. Il faut de la patience et du courage car le plaidoyer implique de travailler et de changer les mentalités. C'est un travail laborieux, car obtenir des résultats peut prendre du temps ; mais les résultats du plaidoyer méritent d'être célébrés. C'est merveilleux de pouvoir faire entendre la voix des sans-voix et leur permettre de se sentir égaux aux autres membres de la communauté !

Partie 2 : le plaidoyer d'un point de vue théologique

Le plaidoyer et les droits de l'homme sont étroitement liés, comme nous l'avons vu au chapitre 15. Souvent, nous défendons les intérêts des personnes handicapées ou parlons en leur nom, car ces droits leur sont refusés. Par exemple, une jeune femme handicapée peut être violée et le coupable échappe à la sanction. Le droit de cette femme à la justice a été bafoué.

Le plaidoyer n'est pas un concept laïc ; loin de là. Jésus a consacré du temps à contester l'injustice des autorités dirigeantes et des personnes au pouvoir dans les synagogues. Dans l'Ancien Testament, il existe de nombreuses lois fondées sur la compassion et la justice, ainsi que sur les recommandations des prophètes concernant la mise en pratique de l'enseignement de la loi.

Que dit la Bible ?

Dans le livre des Proverbes, nous lisons : « Ouvre ta bouche pour celui qui ne peut pas s'exprimer, pour la cause de tous les délaissés ! Ouvre ta bouche, juge avec justice et défends le malheureux et le pauvre ! » (Pr 31.8 9.) Si nous autres, chrétiens, sommes un peuple de compassion, celle-ci devrait nous pousser à rechercher la justice pour tous ceux qui, pour une raison ou une autre, sont marginalisés. Vous vous demandez peut-être pourquoi nous devrions prendre le temps de le faire alors que la tâche de l'Église est de prêcher l'Évangile. Mais Christ n'a-t-il pas eu de la compassion pour nous ? Par sa grâce et sa miséricorde, il nous a conduits des ténèbres à la lumière, pardonnant le péché confessé afin que nous puissions être libres d'être compatissants et miséricordieux envers les autres.

Michée dit haut et fort les paroles du Seigneur : « On t'a fait connaître, homme, ce qui est bien et ce que l'Éternel demande de toi : c'est que tu mettes en pratique le droit, que tu aimes la bonté et que tu marches humblement avec ton Dieu » (Mi 6.8). En fait, dans ce verset, on nous dit que Dieu exige que nous agissions avec justice et que nous soyons miséricordieux ; ce n'est pas un choix mais une exigence pour les chrétiens. Peut-être ne ressentirons-nous ce désir profond d'aider les autres et de faire preuve de compassion que lorsque nous serons nous-mêmes humbles devant Dieu, reconnaissant son grand sacrifice pour nous.

Le peuple « ordinaire » de Dieu est engagé dans le plaidoyer

Jésus a constamment plaidé en faveur de personnes ayant des besoins variés. Il a guéri une femme infirme le jour du sabbat, contestant la loi qui l'aurait maintenue handicapée et démunie (Lc 13.10-17). Dans Jean 5.1-15, et dans Matthieu 23.23-24, nous lisons un exemple similaire, Jésus parle avec véhémence : « Malheur à vous, spécialistes de la loi et pharisiens hypocrites, parce que vous versez la dîme de la menthe, de l'aneth et du cumin et que vous laissez ce qu'il y a de plus important dans la loi : la justice, la bonté et la fidélité » (Mt 23.23a).

Cependant, ce n'est pas seulement Jésus qui a assumé le rôle de défenseur des intérêts de ceux qui n'ont aucun pouvoir ; nous lisons que bien d'autres ont fait de même :

> On peut lire sans cesse dans les Écritures que Dieu envoie des hommes et des femmes ordinaires, de diverses origines, pour parler aux dirigeants les plus puissants de ce temps-là et exprimer son mécontentement vis-à-vis des dirigeants injustes. Moïse, Nathan, Esther, Paul et d'autres ont tous obéi à l'appel de Dieu pour parler au nom des personnes dans le besoin. De même, Dieu nous appelle à combler le fossé entre nos dirigeants et ceux qui n'ont pas voix[1].

Imaginez ce que les Israélites ont ressenti quand ils ont été réduits en esclavage en Égypte ; c'était un peuple qui ne pouvait obtenir justice et être entendu par les autorités. Mais Dieu entendit leurs lamentations : « L'Éternel dit : "J'ai vu la souffrance de mon peuple qui est en Égypte et j'ai entendu les cris qu'il pousse devant ses oppresseurs. Oui, je connais ses douleurs. Je suis descendu pour le délivrer de la domination des Égyptiens et pour le faire monter de ce pays jusque dans un bon et vaste pays, un pays où coulent le lait et le miel [...]" » (Ex 3.7-8a).

Dieu se souciait de leurs souffrances, mais son inquiétude s'est transformée en action lorsqu'il envoya les plaies sur les Égyptiens, donnant ainsi la liberté

---

1. « Introduction » à l'International Justice Mission, « Advocacy Devotional : Stand in the Gap », consulté le 14 novembre 2018, https://www.ijmuk.org/documents/Advocacy-Devotional.pdf [traduction libre].

à son peuple captif. Son inquiétude et sa compassion furent accompagnées par l'action. Cependant, Dieu a utilisé Moïse et Aaron comme équipe de défenseurs ; des êtres humains faibles et imparfaits furent choisis par Dieu pour parler en son nom. Cela devrait nous encourager lorsque nous cherchons à suivre l'appel de Dieu nous invitant à nous exprimer contre l'injustice pour donner une vie de plénitude aux personnes handicapées.

Comment l'Église peut-elle s'impliquer dans ce plaidoyer ?

La mission de l'Église est de porter la bonne nouvelle de l'Évangile à chacun, quel que soit son origine. Quelle est cette bonne nouvelle ? Celle-ci est résumée avec assurance dans Jean 3.16 : « En effet, Dieu a tant aimé le monde qu'il a donné son Fils unique afin que quiconque croit en lui ne périsse pas mais ait la vie éternelle. »

Notre relation brisée avec Dieu est restaurée par Jésus – par sa mort et sa résurrection. Cette restauration du plan de Dieu pour son monde n'est pas seulement pour nous mais pour toute l'humanité. Lorsque nous prenons la parole au nom de ceux qui ont été vulnérabilisés par la société ou qui sont marginalisés, nous les rapprochons du royaume de Dieu. Comment faisons-nous cela ?

Nous devons nous sonder nous-mêmes et nous demander si nous sommes vraiment prêts pour cela :

- Sommes-nous, en tant qu'église, un modèle d'égalité des chances, de compassion et de cœur pour servir les autres ?
- Nos prédications et nos enseignements abordent-ils les sujets de la justice, de la réconciliation et de la restauration de l'espoir ?
- Consacrer du temps à parler au nom des autres est-il perçu comme une façon de rendre grâce à Dieu pour tout ce qu'il nous a donné ? Dans certaines églises, donner à Dieu consiste en offrandes purement matérielles, mais il y a plus d'une façon de montrer notre gratitude envers Dieu.
- Sommes-nous prêts à défendre la cause des personnes qui ne sont pas respectées par la société, malgré ce que les autres pourraient penser de nous ?

Ce ne sont pas des questions faciles, mais avant de commencer à plaider pour les autres et à parler en leur nom, vous devez vous préparer. Étudier la manière de plaider une cause ou inviter quelqu'un qui a de l'expérience à s'exprimer sur le sujet vous donnera confiance.

Soyez prudents lorsque vous plaidez une cause

Parfois, une situation donnée risque de devenir politique, mais dans la mesure du possible, il est conseillé de rester politiquement neutre ; Jésus a travaillé selon les lois du pays. Cependant, si ce qui se passe va clairement à l'encontre de l'enseignement de Jésus, nous avons la responsabilité de nous prononcer contre la violation de la loi de Dieu. Dans certains pays, s'exprimer peut mettre les membres de notre congrégation en danger ; dans ce cas, une grande sagesse et de la diplomatie sont nécessaires. La confidentialité est également importante ; certaines choses peuvent être partagées avec de petits groupes de prière, mais d'autres doivent rester confidentielles entre vous et la personne concernée. Respectez cette personne en demandant sa permission avant de partager quoi que ce soit lors de la prière en groupe.

En résumé

Prendre la défense des marginalisés et parler en leur nom fait partie de la vie chrétienne. Nous ne sommes peut-être pas tous appelés à être des défenseurs qui parlent en public, mais nous avons tous la responsabilité de plaider la cause de ceux qui sont traités injustement auprès de quelqu'un qui peut être leur défenseur. De surcroit, nous pouvons tous prier pour ceux qui plaident, ainsi que pour ceux qui détiennent le pouvoir décisionnaire dans la société. Jérémie écrit : « Voici ce que dit l'Éternel : Pratiquez le droit et la justice, délivrez celui qui est maltraité de son exploiteur, n'opprimez pas l'étranger, l'orphelin et la veuve, ne recourez pas à la violence et ne versez pas de sang innocent dans cet endroit ! » (Jr 22.3.)

17

Votre église est-elle inclusive du handicap ?

Aujourd'hui, l'inclusion est devenue un concept culturel à la mode. Cela est lié d'une part à la demande accrue en faveur des droits et d'autre part, à la présence de groupes minoritaires s'exprimant plus fortement dans certains pays. Cependant, le mot « inclusion » couvre un large éventail de situations. Nous devons donc en préciser le sens lorsque nous l'utilisons en lien avec l'Église.

Selon l'*Oxford English Dictionary*, l'« inclusion » est « la pratique ou la politique consistant à inclure des personnes qui pourraient autrement être exclues ou marginalisées, telles que celles qui ont un handicap physique ou mental et les membres de groupes minoritaires[1] ». Il existe de nombreux types de groupes minoritaires, mais lorsque nous parlons d'inclusion dans cet ouvrage, nous nous concentrons sur les personnes vivant avec un handicap quel qu'il soit, y compris une déficience intellectuelle, une déficience physique et des problèmes de santé mentale.

L'inclusion : la théorie qui justifie la pratique

Nous avons parlé d'inclusion tout au long de ce livre et avons examiné des exemples de la manière dont Jésus a toujours été inclusif dans sa façon de traiter les gens. Il a toujours ménagé du temps pour ceux qui étaient marginalisés et aux prises avec des problèmes de handicap ou de santé. Roy McCloughry écrit : « Se lier d'amitié avec des gens qui ont vécu une crise, c'est se rendre compte que

---

1. « Inclusivity », Oxford Living Dictionaries, consulté le 30 octobre 2018, https://en.oxforddictionaries.com/definition/inclusivity [traduction libre]. N.D.T. : Le Larousse Illustré 2020 rejoint cette définition : « L'inclusion est l'action d'intégrer une personne, un groupe, de mettre fin à leur exclusion (sociale, notamment). »

même si leur histoire peut différer de la nôtre, ils ne sont pas différents de nous. Nous devenons plus humains à mesure que nous apprenons les uns des autres, et le faire signifie ménager du temps l'un pour l'autre[2]. »

La première étape pour pratiquer l'inclusion en tant qu'église consiste à consacrer du temps aux paroissiens qui sont handicapés ou qui ont un membre de leur famille handicapé. Quel que soit le nombre de rampes et de sièges spéciaux que vous pourriez avoir dans votre église, l'inclusion n'a pas lieu tant que les membres de l'église continuent à exclure ceux qui utilisent les rampes et les sièges spéciaux. Pour citer à nouveau Roy McCloughry : « Si je crois que ce que je suis dépend de ce que j'ai accompli, il est peu probable que je valorise la vie d'une personne ayant une déficience intellectuelle. Je peux vivre ma vie sans cette personne. Pour sortir de cette impasse, il faut du courage[3]. »

Notre société nous dit aujourd'hui que ce que nous possédons, ce dont nous nous vêtons et ce que nous accomplissons est ce qui nous donne de la valeur. Un smartphone onéreux est un symbole de statut. Jouer au football à l'école ou au collège est synonyme de popularité, et de bons résultats scolaires ouvriront les portes de l'université. Mais que se passe-t-il quand rien de tout cela n'est possible ? Une personne ayant une déficience intellectuelle n'est pas performante aux yeux du monde ; mais qu'en est-il aux yeux de Dieu ? Dieu a-t-il des dons pour ceux qui comprennent autrement que nous ?

En aimant et en respectant les personnes ayant une déficience intellectuelle, nous chercherons les dons que Dieu leur a donnés. Ces dons ne seront peut-être pas ce à quoi nous nous attendons ; ils seront peut-être aussi simples qu'un sourire accueillant ou un geste de la main que Dieu utilise pour nous montrer son acceptation à travers cette personne.

Parfois, les personnes ayant une déficience intellectuelle ont une perspicacité spirituelle basée sur la simplicité ; cela peut nous révéler des vérités à côté desquelles nous pouvons passer à cause de notre intellectualisme. Nous pourrions réaliser de grandes choses et être appréciés pour ce que nous avons accompli ; mais apprécions-nous les réalisations de ceux qui ont une déficience intellectuelle ? Pour nous, il s'agit peut-être de petites réalisations, mais à leurs yeux, ce sont de grandes réussites.

> La compétence théologique n'est pas une condition préalable de la foi qui sauve. Pour cela, nous pouvons être reconnaissants. [...] En partageant [l'Eucharistie] en tant que membre de la famille

---

2. McCloughry, *The Enabled Life*, p. 2 [traduction libre].
3. *Ibid.* [Traduction libre.]

[de Dieu], peut-être que, simplement du fait de se sentir incluses plutôt qu'excluses, certaines des personnes qui sont handicapées se rendront compte de l'amour de Dieu pour elles[4].

Quand les gens pensent à l'inclusion, ils vont plutôt penser aux handicaps physiques qu'aux déficiences intellectuelles. McCloughry a raison quand il dit qu'il faut du « courage » pour changer la perception des gens, en raison du malaise intrinsèque ressenti par maintes personnes lorsqu'elles doivent faire face à des réactions imprévisibles. Cependant, être vraiment inclusif, c'est réaliser la valeur de chaque individu aux yeux de Dieu, qu'il soit « comme nous » ou non. Pour les dirigeants des églises et de la communauté au sens large, cette nouvelle perception sera source de défis ; mais la force de relever ces défis se trouve dans l'amour infiniment grand de Dieu pour sa création. Éphésiens 3.14-17 dit : « Voilà pourquoi je plie les genoux devant le Père [de notre Seigneur Jésus-Christ], de qui toute famille dans le ciel et sur la terre tient son nom. Je prie qu'il vous donne, conformément à la richesse de sa gloire, d'être puissamment fortifiés par son Esprit dans votre être intérieur, de sorte que le Christ habite dans votre cœur par la foi. »

Le pouvoir de créer une église incluant les personnes handicapées proviendra de Dieu, qui agit par l'intermédiaire de ses dirigeants d'églises.

Étude de cas

L'histoire vraie suivante montre comment l'Église peut apporter de l'espoir aux personnes vivant sans grand espoir.

Il n'est pas rare qu'un mari quitte son épouse lorsque naît un enfant handicapé ; la responsabilité du handicap est souvent imputée à la femme et à sa famille. Dans un certain village, deux frères souffraient d'une invalidité progressive qui les empêcha de marcher. Leur père prit une autre femme et construisit une maison à côté de sa maison d'origine. Il ne donna aucun soutien à sa première femme, qui ne pouvait pas consacrer beaucoup de temps à cultiver la terre, car elle s'occupait des garçons. Peu à peu, la maison se dégrada jusqu'à devenir dangereuse. Après qu'un volontaire local eut pris conscience de la situation et que les préjugés de la communauté vis-à-vis du handicap eurent été surmontés, une nouvelle maison fut construite pour la famille, à l'aide de la main d'œuvre bénévole du village. Par la suite, les ministres de deux églises locales

---

4. David A. PAILIN, *A Gentle Touch : From a Theology of Handicap to a Theology of Human Being*, London, SPCK, 1992, p. 144 [traduction libre].

de différentes dénominations travaillèrent ensemble pour aider la famille. L'une des congrégations soutenait la famille dans ses besoins matériels en vêtements et en articles de première nécessité, tandis que l'autre se concentrait sur ses besoins spirituels. De cette manière, une collaboration entre deux dénominations chrétiennes eut lieu. Ainsi que l'écrit l'apôtre Paul, « Dieu a disposé le corps de manière à donner plus d'honneur à ce qui en manquait, afin qu'il n'y ait pas de division dans le corps mais que tous les membres prennent également soin les uns des autres. Si un membre souffre, tous les membres souffrent avec lui ; si un membre est honoré, tous les membres se réjouissent avec lui » (1 Co 12.24b-26).

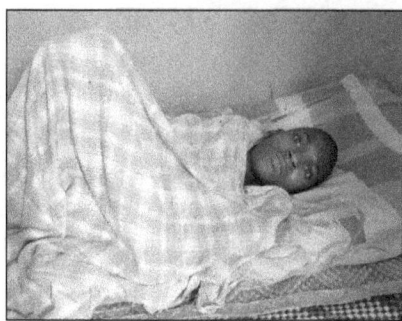

Figure 17.1. Un des frères en sécurité dans sa nouvelle maison.
Photo ©Bridget Hathaway

Figure 17.2. Les deux pasteurs travaillent ensemble avec compassion.
Photo ©Bridget Hathaway

Figure 17.3. La mère des garçons devant sa nouvelle maison.
Photo © Bridget Hathaway

18

Quelques idées pour inclure les personnes handicapées dans votre église

Rendre l'environnement accessible

Dans ce chapitre, nous examinerons les moyens pratiques pour devenir une église accessible et inclusive pour les personnes handicapées. Il est important que le coût pour rendre l'église accessible soit maintenu aussi bas que possible. La plupart des églises auront du mal à consacrer des fonds, précieux par ailleurs, pour mettre en place des installations telles que des rampes d'accès ou des toilettes accessibles. Cependant, lorsqu'un utilisateur de fauteuil roulant peut « rouler » dans l'église, au lieu d'y ramper à quatre pattes, et utiliser les toilettes, on réalise la valeur de l'investissement. Imaginez ce qu'une personne peut ressentir dans sa dignité et son estime de soi quand, après être arrivée à l'église dans des vêtements soignés, elle se retrouve sale d'avoir dû ramper pour entrer dans le bâtiment. Imaginez-vous dans cette situation, et ce que vous pourriez ressentir s'il vous fallait ramper au niveau des pieds des autres.

Les rampes d'accès

Voici quelques idées pour installer une rampe simple qui pourrait être utilisée dans votre église.

Points à noter lors de la création d'une rampe

Il n'est pas difficile de faire une rampe d'accès et il est probable que l'un des membres de votre communauté pourra vous aider dans cette tâche, mais il convient de noter un certain nombre de points importants.

- La rampe doit être solide et bien fixée, capable de supporter le poids de l'utilisateur du fauteuil roulant, du fauteuil roulant lui-même et de la personne qui l'assiste.
- Si l'utilisateur du fauteuil roulant est autonome, une rampe à pente raide sera très ardue à utiliser pour lui. Plus la rampe est longue, moins elle sera raide ; de même, plus la rampe est courte, plus elle sera raide.
- La surface de la rampe ne doit à aucun prix être glissante. Une surface légèrement rugueuse, qui adhère aux pneus du fauteuil et aux chaussures, est donc essentielle.
- Il est utile d'avoir des rebords sur les côtés de la rampe pour empêcher le fauteuil roulant de glisser sur le côté, en particulier lors de la descente.
- Une main courante sur un côté de la rampe est utile pour les personnes à mobilité réduite qui ont besoin d'un soutien supplémentaire pour marcher.

Quel matériau peut être utilisé pour fabriquer une rampe ?

Une rampe peut être faite de bois solide, de terre ou de ciment.

- Si vous la faites en terre, mélangez celle-ci avec de l'herbe ; le mélange doit être comprimé jusqu'à ce qu'il soit solide, presque comme du ciment. Comme mentionné ci-dessus, vous devrez vous assurer que la surface n'est pas glissante sous la pluie ; utiliser des agrégats peut aider à obtenir ce résultat.
- Si vous la fabriquez en bois, vous devrez utiliser un bois dense et résistant qui ne se fendra pas et ne se cassera pas sous la pression. Traitez le bois avec de l'huile à moteur usée ou un conservateur spécial pour le protéger des termites et autres insectes qui attaquent le bois.
- Si vous la faites en ciment, rendez la surface légèrement rugueuse pour donner une bonne adhérence aux pneus du fauteuil roulant.

Prendre les mesures pour la rampe

Vous serez surpris de voir quelle place il faut pour une rampe ! Si vous la faites trop courte, elle sera trop raide et rendra la mobilité autonome presque impossible. L'angle de « pente » recommandé pour un fauteuil roulant est le suivant :

> Pour chaque montée de 2,54 cm (1 pouce), vous aurez besoin d'une longueur de rampe de 30,48 cm (12 pouces).
>
> Ainsi, par exemple, si votre rampe d'accès doit monter en hauteur de 0,6 m (2 pieds), elle devra mesurer 7,31 m (24 pieds). C'est un ratio de 1,12[1].

Figure 18.1. Une longue rampe présentant la pente recommandée et deux mains courantes.
Photo ©Bridget Hathaway

Figure 18.2. Une courte rampe près d'un mur avec une seule main courante.
Photo ©Bridget Hathaway

Figure 18.3. Vue latérale de la rampe indiquant comment elle s'adaptera aux marches. Photo ©Bridget Hathaway

---

1. « How to Measure for a Ramp : Wheelchairs & Scooters, Preferred Health Choice », consulté le 3 Novembre 2018, https://www.phc-online.com/wheelchair-ramp-chart_a/131.htm [traduction libre].

On peut faire une rampe plus raide, mais il sera difficile de l'emprunter de manière autonome.

Si votre église a déjà des marches construites devant l'entrée principale, il devrait être possible de fabriquer une rampe d'accès sur l'une des entrées latérales. Il se peut qu'un jour vous ayez un pasteur utilisateur de fauteuil roulant ; comment va-t-il servir son église s'il ne peut pas entrer à l'intérieur du bâtiment ? Si entrer dans le bâtiment est en soi un défi, il est peu probable qu'il se sente le bienvenu !

Figure 18.4. Une courte rampe près de la porte latérale d'une église rurale.
Photo ©Bridget Hathaway

Vos toilettes sont-elles accessibles aux personnes à mobilité réduite ?

Vous pouvez penser que faire un siège de toilette, c'est trop de tracas. Cependant, vous constaterez que cela aidera bien d'autres personnes que celles qui sont handicapées. Il y a des personnes âgées qui ont du mal à utiliser des latrines à fosse, car leurs jambes deviennent raides et sont affaiblies avec l'âge. Jésus est quelqu'un qui a fait « l'effort supplémentaire » et nous sommes appelés à faire de même.

Ce qui suit explique la conception de deux différents styles de siège de toilettes.

Style 1

*Figure 18.5. Des toilettes accessibles, à siège amovible.
Photo ©Bridget Hathaway*

La figure 18.5 montre une conception simple dans laquelle le siège est placé au-dessus du trou des toilettes. Le tabouret est fabriqué à partir de bois résistant. Il est important de prendre des mesures précises pour que le trou du tabouret coïncide parfaitement avec le trou dans le sol. La hauteur du tabouret doit correspondre à la hauteur d'un siège de fauteuil roulant moyen, à environ 53 cm du sol au siège. Lorsque vous utilisez du bois pour le siège des toilettes, il est important de combler les fissures avec du mastic à bois. Le siège fini doit ensuite être verni avec un vernis glacé lavable, pour assurer une bonne hygiène.

La photo montre des barres destinées à la personne handicapée, pour s'y agripper. Les barres peuvent être en bois, mais les barres en métal seront plus solides et dureront plus longtemps. Elles n'ont pas besoin d'être longues, juste assez pour pouvoir se tenir debout et assis. Elles doivent être très fermement fixées au mur pour éviter les accidents pouvant provoquer la chute de la personne. Il est important de les mesurer en s'aidant de quelqu'un qui est réellement debout et assis. La barre basse devrait être à une hauteur d'environ 74 cm pour une utilisation en position assise. La barre plus haute pourrait être réglée à la hauteur des épaules d'une personne moyenne.

Style 2

*Figure 18.6. Un siège de toilettes en métal.
Photo ©Bridget Hathaway*

C'est un bon modèle à utiliser si vous avez plusieurs toilettes à l'église et que vous pouvez avoir des toilettes adéquates pour ceux qui ont du mal à s'accroupir, comme les personnes âgées et les personnes handicapées. Le siège peut être placé au-dessus du trou des toilettes et, si possible, près d'un mur, afin de réduire les risques que le siège ne glisse de côté.

Remarque : il faut toujours faire attention à l'hygiène. Un seau d'eau avec un petit pot doit être conservé dans les toilettes afin que le siège puisse être lavé si nécessaire. De plus, le sol sous le siège doit être rincé à l'eau après chaque utilisation.

En résumé

Avoir une rampe et des toilettes adaptées peut sembler une question sans importance si on la compare à tous les autres défis de la paroisse, mais ces changements pourraient amener quelqu'un au royaume de Dieu : quelqu'un qui pensait être rejeté de la famille de Dieu à cause des difficultés physiques pour entrer dans le bâtiment de l'église et du manque d'installations qui y sont accessibles. Dans Luc 15.5-7, à la fin de la parabole des brebis perdues, Jésus déclare, « De même, je vous le dis [...], il y aura plus de joie dans le ciel pour un seul pécheur qui se repent que pour 99 justes qui n'ont pas besoin de changer d'attitude » (15.7).

N'avez-vous jamais pensé au fait que toute une partie de la société se sent souvent exclue de la bonne nouvelle de l'Évangile ? Ici, juste là où nous sommes, il y a des gens qui n'ont pas accès à la communion fraternelle car ils ne peuvent pas accéder au bâtiment de l'église.

19

Quelques idées pour inclure les personnes handicapées dans votre église

Créer un service d'inclusion

Un service religieux est une merveilleuse occasion de partager le message de l'Évangile, de l'enseigner, d'encourager les gens à adopter un style de vie chrétien et de partager l'amour de Dieu avec eux. Cependant, il arrive qu'un service ne soit vraiment pas accueillant ; en fait, certaines personnes peuvent penser qu'elles ne devraient même pas être là. L'accueil à la porte peut être poli mais pas chaleureux : « Bonjour. Je crains que nous n'ayons pas de place adaptée à un fauteuil roulant. Vous devrez vous asseoir sur le côté. »

Déjà, l'utilisateur de fauteuil roulant se sent différent des autres et marginalisé. S'asseoir sur le côté, dans un fauteuil roulant, incapable de voir clairement quand les gens se tiennent debout, tout cela ajoute au sentiment d'être un chrétien de deuxième classe. Mais devenir une église inclusive et accessible ne doit pas nécessairement être difficile ; cela demande juste plus de réflexion et de planification.

Voici quelques premières suggestions :

- Incluez la personne handicapée ou sa famille dans toute planification, chaque fois que cela est possible.
- Essayez de ne pas présumer les capacités ou les besoins de la personne.
- Si possible, mettez-vous à la place de cette personne et essayez de penser à ce qui pourrait vous aider à vous sentir membre actif de l'église.

Rappelez-vous que Jésus ne se comportait pas comme si « handicapé » signifiait « non-capable » ; Jésus n'avait pas besoin du concept d'« in-capacité », car pour lui, chaque personne avait été créée pour faire partie de la famille de Dieu.

Commençons par la porte

Dans le chapitre précédent, nous avons examiné l'environnement, nous pouvons donc supposer que la personne handicapée est entrée dans le bâtiment de l'église. S'il y a une équipe d'accueil, il serait bon de lui enseigner à accueillir quelqu'un qui pourrait avoir besoin de conseils. Par exemple, le message d'accueil d'un utilisateur de fauteuil roulant pourrait être : « Bienvenue dans notre église ! Nous sommes contents de te voir. Où voudrais-tu t'asseoir ? »

Si votre église a des chaises, déplacez une chaise de la file, en laissant un espace pour que l'utilisateur du fauteuil roulant puisse faire partie de la rangée des fidèles. Si vous avez des bancs dans l'église, faites-les glisser légèrement vers la gauche ou vers la droite (en fonction du côté où la personne est assise) de sorte que l'utilisateur du fauteuil roulant se trouve au bout de la rangée mais reste aligné sur les autres personnes. Si vous avez des sièges fixés au sol, c'est plus difficile. Demandez aux utilisateurs de fauteuils roulants où ils se sentiraient le plus à l'aise pour s'asseoir.

L'accueil d'une famille avec enfant à déficience intellectuelle sera similaire, mais il faudra peut-être un peu plus de réconfort. Comme par exemple : « Bienvenue dans notre église ! Contents de vous voir. Où voudriez-vous vous asseoir ? Ne vous inquiétez pas si votre fils s'agite – vous pouvez le laisser jouer tranquillement au fond de l'église ou à l'extérieur si cela peut vous aider. »

Si possible, placez une natte sur le sol, au fond de l'église, du côté où l'enfant peut jouer ; de ce fait, la personne qui s'occupe de l'enfant, pourra, dans une certaine mesure, participer au service tout en restant avec l'enfant. La possibilité de jouer dépendra bien sûr des installations de votre église. Peut-être n'y a-t-il pas de place pour poser une natte au fond. Si tel est le cas, l'enfant devra jouer dehors ; il se peut qu'il n'y ait pas d'autre alternative.

La communion

Dans de nombreuses églises, l'autel est à un niveau plus haut que le reste de l'église. Dans certaines églises, les fidèles montent quelques marches pour s'agenouiller près de l'autel et recevoir la communion. Dans d'autres, le pasteur ou le prêtre descendra quelques marches pour apporter les éléments aux paroissiens, qui s'agenouillent ou se tiennent debout sur les marches. Pour un utilisateur de fauteuil roulant ou une personne à mobilité réduite, la deuxième option ne crée pas de problème, car les éléments sont reçus près des marches. Cependant, si la coutume veut que les communiants s'agenouillent près de l'autel, vous devrez prévoir le meilleur moyen d'inclure les personnes à mobilité réduite.

Pour un chrétien, la communion est la commémoration du sacrifice du Christ sur la croix pour nous racheter du péché. Que se passe-t-il pour les personnes qui ne peuvent pas se rendre à l'église à cause de leur handicap ou de leur âge ? Leur besoin de recevoir la communion est-il négligé ? L'étude de cas à la fin de ce chapitre montre comment une communion à domicile peut être organisée.

Nous sommes tous différents !

Si quelqu'un chante faux ou dit « Amen » après tout le monde, est-ce vraiment grave ? Il est très tentant de se retourner pour voir qui parle fort au mauvais moment, mais résistez à cette tentation si vous le pouvez ; permettez aux gens d'être comme Dieu les a créés, et célébrez le fait qu'ils soient à l'église.

La déficience visuelle

Certaines grandes églises publient une lettre de nouvelles hebdomadaire contenant des sujets de prière et des annonces concernant les réunions et les activités. Il serait bon de produire quelques copies avec une police de caractère plus grande afin que les membres de la congrégation malvoyants puissent se tenir au courant des activités de l'église. Gardez aussi à l'esprit de veiller à ce que les voies d'accès soient dégagées de manière à ce qu'une personne malvoyante ne se cogne pas aux objets qui traînent.

La déficience auditive

Pour les personnes malentendantes, l'idéal serait que quelqu'un interprète le service en langue des signes, mais cela n'est pas toujours possible. Assurez-vous que les personnes malentendantes puissent s'asseoir devant, où elles peuvent voir et entendre (si la personne a une certaine capacité auditive). De cette façon, la personne peut lire sur les lèvres ou écouter, selon ce qui lui convient le mieux.

Les groupes d'enfants

Les enfants handicapés doivent être accueillis à l'école du dimanche ou dans les groupes d'enfants pour qu'ils puissent prendre plaisir à apprendre et à se mêler aux autres enfants. Il faudra peut-être une certaine flexibilité en ce qui concerne les activités. Peut-être qu'un/e enfant aura des difficultés à courir ou danser, mais encouragez-les à faire de leur mieux. Il est aussi important d'encourager les enseignants de l'école du dimanche à en apprendre un peu plus sur le handicap, car cela les aidera à planifier les activités.

Nous avons tous des dons à offrir

Dieu a béni l'Église par des dons spirituels ; il n'exclut personne de sa générosité. Dans 1 Corinthiens 12.7, Paul écrit : « Or, à chacun la manifestation de l'Esprit est donnée pour le bien de tous. » Dieu a donné à *chacun* un don à utiliser dans la construction de son Église. Paul ne dit pas « chaque personne valide » mais « chacun ». Il s'agit d'un langage inclusif. Paul énumère ensuite un certain nombre de dons, puis il écrit : « Mais toutes ces choses, c'est un seul et même Esprit qui les accomplit, en les distribuant à chacun en particulier comme il le veut » (12.11).

Certaines personnes handicapées seront plus actives que d'autres, mais Dieu n'empêche personne de recevoir ses dons. La manière dont ces différents dons sont utilisés dépendra du niveau de capacité de la personne, mais chaque don est utile au Christ et à l'Église.

Comment ces dons peuvent-ils être utilisés dans l'Église ?

Voici quelques idées pratiques pour inclure les dons des personnes handicapées dans la vie de l'église :

- Une personne à mobilité réduite peut être invitée à lire le passage biblique du service. Si elle utilise un fauteuil roulant, elle peut faire face à la congrégation mais au niveau du sol, au lieu d'utiliser le pupitre. Si elle ne peut pas se tenir debout longtemps, placez une chaise face à la congrégation afin qu'elle puisse s'asseoir pour lire le passage des Écritures.
- Une personne handicapée peut avoir beaucoup à offrir à l'église en tant qu'ancien de l'église ou dans un autre rôle de direction. Cherchez la capacité et non le handicap.

Quelques idées pour inclure les personnes handicapées dans votre église 153

Figure 19.1. Jeunes femmes handicapées chantant dans la chorale de l'église.
Photo ©Bridget Hathaway

- La chorale ou le groupe de louange joue un rôle important dans le service, conduisant les gens à louer Dieu ou les rapprochant de Dieu par la repentance. La chorale exécute souvent des mouvements de danse avec le chant. Une personne handicapée peut avoir reçu de Dieu une belle voix. Allez-vous refuser à cette personne la possibilité d'utiliser son don en raison de son incapacité à danser ? Le don de cette personne vient de Dieu, et il est juste que nous célébrions avec elle le don qu'elle a reçu.
- Aider au moment de l'offertoire est quelque chose qu'un enfant ayant une déficience intellectuelle peut faire. L'enfant pourrait être assisté et guidé par un adulte ; la famille sera très fière de voir son enfant jouer un rôle dans le service.
- Une église propre rend hommage à Dieu et à la congrégation. Beaucoup d'églises ont un système de roulement pour le nettoyage. Une personne ayant une déficience intellectuelle peut faire partie de ce groupe, se joindre à d'autres personnes qui peuvent la guider dans les tâches de nettoyage.
- Si vous avez une équipe d'accueil, une personne handicapée peut en faire partie ; il n'est pas nécessaire d'être mobile pour accueillir quelqu'un à l'église ! Le sourire accueillant d'une personne ayant une déficience intellectuelle peut apporter de la joie à ceux qui entrent dans le bâtiment.

- Les dirigeants de l'église pourraient nommer quelqu'un responsable de l'accessibilité à l'église, comme par exemple, un membre de l'Union des Mères [Mother's Union].

En résumé

Comme nous l'avons vu, l'apôtre Paul, dans 1 Corinthiens 12, décrit l'Église comme le corps de Christ. Le corps humain est fragile, vulnérable et imparfait. Si nous prenons cette image à la lettre, alors l'Église, en tant que corps du Christ, est fragile, vulnérable et ouverte aux déficiences.

Nous devons rechercher l'image de Dieu dans chaque personne plutôt que de nous concentrer sur la déficience, c'est-à-dire la différence par rapport à ce que le monde décrète être « normal ».

Par conséquent, si l'Église, en tant que corps du Christ, doit être inclusive, elle doit nécessairement inclure les personnes handicapées, sinon elle ne suit pas l'enseignement du Christ.

Étude de cas

Adam souffre de dystrophie musculaire ; nous le connaissons depuis de nombreuses années, ayant plaidé son cas pour qu'il puisse être admis dans un pensionnat public lorsqu'il n'a plus été en mesure de franchir à pied la longue distance jusqu'à son école locale. C'est maintenant un jeune homme, confiné chez lui et incapable de lever les bras de plus de quelques centimètres. Le pasteur de l'église locale l'invita à être confirmé, avec un jeune homme ayant une déficience intellectuelle et de nombreux autres jeunes. Ce fut une grande fête et un véritable exemple d'inclusion dans le contexte de l'église. Mais l'histoire ne s'arrête pas là ; le pasteur et l'évangéliste s'étant rendu compte qu'Adam ne pouvait pas aller à l'église, ils se sont donc arrangés pour organiser un petit service de communion chez lui à intervalles réguliers. Les membres de l'église y assistent et un ancien de l'église aide la maman d'Adam à se préparer pour le service. Louez Dieu de ce que, dans les années qui lui restent, Adam sera considéré comme faisant partie du corps du Christ !

Quelques idées pour inclure les personnes handicapées dans votre église   155

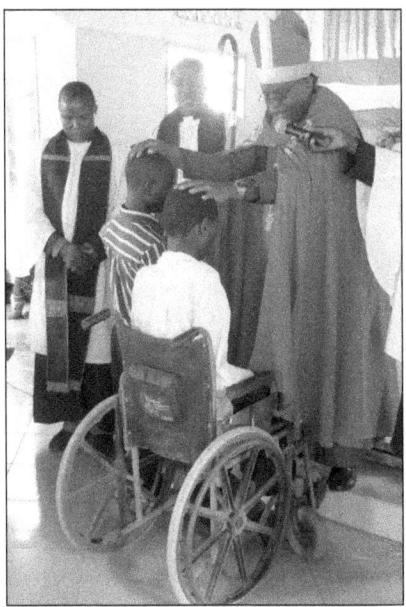

Figure 19.2. Adam reçoit la confirmation de l'évêque Darlington, diocèse de Kagera, Tanzanie.
Photo ©Bridget Hathaway

Figure 19.3. Adam recevant la Sainte Communion lors d'un service chez lui, des mains du Révérend chanoine Naftal Hosea.
Photo ©Bridget Hathaway

Bibliographie

Adeyemo, Tokunboh, sous dir., *Commentaire biblique contemporain*, Paris, Éditions Farel, 2008.

Bird, Anthony, *The Search for Health : A Response from the Inner City*, Université de Birmingham, Institute for the Study of Worship and Religious Architecture, 1982.

Block, Jennie Weiss, *Copious Hosting,* New York, Continuum, 2002.

Bridger, Francis, *23 Days : A Story of Love, Death and God*, London, Darton, Longman & Todd, 2004.

Carson, D. A., *Jusques à quand ? Réflexions sur le mal et la souffrance*, trad. M. Schneider, coll. Sel et Lumière, Charols, Excelsis, 2005.

Creamer, Deborah Beth, *Disability and Christian Theology, Embodied Limits and Constructive Possibilities*, New York, Oxford University Press, 2009.

Eiesland, Nancy L., *The Disabled God : Towards a Liberatory Theology of Disability.* Nashville, TN, Abingdon, 1994.

Eiesland, Nancy L., et Don Saliers, sous dir., *Human Disability and the Service of God*, Nashville, TN, Abingdon, 1998.

Harshaw, Jill, *God beyond Words : Christian Theology and the Spiritual Experiences of People with Profound Intellectual Disabilities*, Londres, Philadelphie, Jessica Kingsley Publishers, 2016.

Haslam, Molly C., *A Constructive Theology of Intellectual Disability*, New York, Fordham University Press, 2012.

Hull, John M., *Disability : The Inclusive Church Resource*, Londres, Darton, Longman & Todd, 2014.

Kushner, Harold S., *When Bad Things Happen to Good People*, Londres, Pan Books, 1982.

Lo, Alison, *Encounter with God* (Bible Notes), 13 juillet 2018, Milton Keynes, Scripture Union, 2018.

Manchala, Deenabandhu, « Moving in the Spirit : Called to Transforming Discipleship », *International Review of Mission* 106, n° 2, décembre 2017, p. 201-215.

Marshall, Alfred, *The NIV Interlinear Greek–English New Testament*, Grand Rapids, Michigan, Zondervan, 1976.

McCloughry, Roy, *The Enabled Life : Christianity in a Disabling World*, Londres, SPCK, 2013.

McCloughry, Roy, *Making a World of Difference.* Londres, SPCK, 2002.

McKeown, James, *Genesis*, Two Horizons Old Testament Commentary, Grand Rapids, MI, Eerdmans, 2008.

MOLSBERRY, Robert F., *Blindsided by Grace : Entering the World of Disability*, Minneapolis, Augsburg Fortress, 2004.
PEARSALL, Judy, et Patrick HANKS, *The New Oxford Dictionary of English*, Oxford, Oxford University Press, 1998.
PHELPS-JONES, Tony, *Making Church Accessible to All, Including Disabled People in Church Life*, Abingdon, Bible Reading Fellowship, 2013.
PLACHER, William C., *Narratives of a Vulnerable God : Christ, Theology, and Scripture*, Louisville, KY, Westminster John Knox Press, 1994.
RAJKUMAR, Christopher, *Sprouts of Disability Theology*, Nagpur, Inde, National Council of Churches in India, 2012.
ROHR-ROUENDAAL, Petra, *Where There Is No Artist*, Rugby, Practical Action, 2007.
TATARYN, Myroslaw, et Maria TRUCHAN-TATARYN, *Discovering Trinity in Disability*, New York, Orbis, 2013.
TOURNIER, Paul, *What's in a Name ?*, Londres, SCM Press, 1975.
WENHAM, Gordon, *Genesis 16–50*, Word Biblical Commentary, Dallas, Word, 1994.
WILLIAMS, Rowan, *Being Human : Bodies, Minds, Persons*, Londres, SPCK, 2018.
WILSON, Andrew, et Rachel WILSON, *The Life You Never Expected*, Nottingham, Inter-Varsity Press, 2015.
WRIGHT, Tom, *John for Everyone : Part 1, Chapters 1–10*, Londres/Louisville, KY, SPCK/Westminster John Knox Press, 2002.
YONG, Amos, *The Bible, Disability and the Church*, Grand Rapids, MI, Eerdmans, 2011.
YOUNG, Frances, *Arthur's Call*, Londres, SPCK, 2014.
YOUNG, Frances, *Encounter with Mystery : Reflections on L'Arche and Living with Disability*, Londres, Darton, Longman & Todd, 1997.

Table des matières

Préface ix
Remerciements xi
Introduction générale 1

Section I : L'importance de comprendre le handicap

1 Introduction au handicap 5
2 Le handicap physique 9
3 La déficience intellectuelle 25
4 La déficience sensorielle 31
5 Autres types de handicaps 39
6 Quelques attitudes et croyances africaines à propos du handicap 53
7 Points de vue 63

Section II : Handicap et théologie. Compléter le corps du Christ, l'Église

8 Quelle est l'origine de la souffrance et du handicap ? 69
9 Handicap et guérison 79
10 À la découverte de personnages bibliques habilités par Dieu 89
11 Qu'est-ce que cela signifie, d'être humain ? 97
12 Un seul corps. Partager nos dons 103

Section III : Bienvenue dans notre église inclusive !

13 Handicap et droits de l'homme. Pas seulement une préoccupation laïque. 113
14 Genre et handicap. L'égalité des chances existe-t-elle ? 119
15 Les liens entre pauvreté et handicap 125
16 Le plaidoyer 129
17 Votre église est-elle inclusive du handicap ? 137

18	Quelques idées pour inclure les personnes handicapées dans votre église et leur rendre l'environnement accessible.......... 143
19	Quelques idées pour inclure les personnes handicapées dans votre église : créer un service d'inclusion....................... 149
	Bibliographie 157

Table des illustrations

Figure 2.1. Un jeune enfant atteint de paralysie cérébrale. 11

Figure 2.2. Tout le corps d'Israël est touché par la PC. 13

Figure 2.3. Cet enfant est atteint de PC athétoïde 14

Figure 2.4. Un nouveau-né présentant un spina-bifida. 15

Figure 2.5. Le même nouveau-né après la chirurgie 16

Figure 2.6. Un jeune enfant atteint d'hydrocéphalie 18

Figure 2.7. Un enfant après l'intervention pour implanter un conduit shunt 18

Figure 2.8. Brûlures sur le crâne résultant de l'utilisation de médicaments non prescrits par le médecin 19

Figure 2.9. Fente labiale chez un nourrisson 19

Figure 2.10. L'ouverture dans le palais ; une fente palatine. 20

Figure 2.11. Deus avant l'intervention chirurgicale 21

Figure 2.12. Deus, quelques années après l'intervention chirurgicale 22

Figure 2.13. Un enfant plus âgé avec des pieds-bots 23

Figure 2.14. Stavius avant et après la chirurgie. 23

Figure 3.1. Un écolier atteint du syndrome de Down. 26

Figure 3.2. Cet enfant a une déficience intellectuelle héréditaire 28

Figure 4.1. Test de la vue d'une personne âgée dans une clinique de village 32

Figure 4.2. Elieth étudie à l'école secondaire. Elle a perdu la vue en raison de l'utilisation de médicaments non prescrits par le médecin 34

Figure 5.1. Une mère avec son enfant atteint d'albinisme 43

Figure 5.2. Un enfant atteint d'albinisme portant des vêtements de protection. 45

Figure 5.3. Éduquer les écoliers au sujet de l'albinisme. 45

Figure 5.4. Un élève albinos qui étudie assidûment. 45

Figure 5.5. Les médicaments quotidiens sont essentiels dans la plupart des cas d'épilepsie 50

Figure 7.1. Eileen avec son adorable fille 63

Figure 7.2. Le pasteur Mapinduzi est un pasteur énergique et fidèle 66

Figure 13.1. Les élèves d'une section spéciale avec leur enseignant 117

Figure 16.1. Les réunions communautaires peuvent être un puissant outil de plaidoyer 131

Figure 17.1. Un des frères en sécurité dans sa nouvelle maison 140

Figure 17.2. Les deux pasteurs travaillent ensemble avec compassion 140

Figure 17.3. La mère des garçons devant sa nouvelle maison 141

Figure 18.1. Une longue rampe présentant la pente recommandée et deux mains courantes... 145

Figure 18.2. Une courte rampe près d'un mur avec une seule main courante 145

Figure 18.3. Vue latérale de la rampe indiquant comment elle s'adaptera aux marches 145

Figure 18.4. Une courte rampe près de la porte latérale d'une église rurale 146

Figure 18.5. Des toilettes accessibles, à siège amovible 147

Figure 18.6. Un siège de toilettes en métal 148

Figure 19.1. Jeunes femmes handicapées chantant dans la chorale de l'église... 153

Figure 19.2. Adam reçoit la confirmation de l'évêque Darlington, diocèse de Kagera, Tanzanie... 155

Figure 19.3. Adam recevant la Sainte Communion lors d'un service chez lui, des mains du Révérend chanoine Naftal Hosea............ 155

Langham Partnership est un organisme chrétien international et interdénominationnel qui poursuit la vision reçue de Dieu par son fondateur, John Stott -

promouvoir la croissance de l'église vers la maturité en Christ en relevant la qualité de la prédication et de l'enseignement de la Parole de Dieu.

Notre vision est de voir des églises équipées pour la mission, croissant en maturité en Christ, par le ministère de pasteurs et de responsables qui croient, qui enseignent et qui vivent la Parole de Dieu.

Notre mission est de renforcer le ministère de la Parole de Dieu de trois manières :
- par la mise en place de mouvements nationaux de formation à la prédication biblique
- par la rédaction et la distribution de livres évangéliques
- par la formation d'enseignants théologiques évangéliques qualifiés qui formeront ensuite des pasteurs et responsables d'églises dans leurs pays respectifs

Notre ministère

Langham Preaching collabore avec des responsables nationaux en vue de la création de mouvements de prédication biblique dirigés par les nationaux eux-mêmes. Ces mouvements, qui naissent progressivement un peu partout dans le monde, rassemblent non seulement des pasteurs mais aussi des laïcs. Nos équipes de formateurs venus de beaucoup de pays différents proposent une formation pratique qui comporte plusieurs niveaux, suivie d'une formation de facilitateurs locaux. La continuité est assurée par des groupes de prédicateurs locaux et par des réseaux régionaux et nationaux. Ainsi nous espérons bâtir des mouvements solides et dynamiques, constitués de prédicateurs entièrement consacrés à la prédication biblique.

Langham Literature fournit des livres évangéliques et des ressources électroniques par la publication et la distribution, par des subventions et des réductions à des leaders et futurs leaders, à des étudiants et bibliothèques de séminaires dans le monde majoritaire. Nous encourageons aussi la rédaction de livres évangéliques originaux dans de nombreuses langues nationales par le biais de bourses pour des écrivains, en soutenant des maisons d'éditions évangéliques locales, et en investissant dans quelques projets majeurs comme *le Commentaire Biblique Contemporain* qui est un commentaire de la Bible en un seul volume rédigé par des auteurs africains pour l'Afrique.

Langham Scholars soutient financièrement des doctorants évangéliques du monde majoritaire dans le but de les voir retourner dans leurs pays d'origine pour former des pasteurs et d'autres chrétiens nationaux en leur proposant un enseignement biblique et théologique solide. Cette branche de Langham cherche donc à équiper ceux qui en équiperont d'autres. Langham Scholars travaille aussi en partenariat avec des séminaires dans le monde majoritaire afin de renforcer l'éducation théologique évangélique sur place. De ce fait, un nombre croissant de « Langham Scholars » (le nom « Scholars » signifie « boursiers ») peut aujourd'hui suivre des programmes doctoraux de haut niveau au cœur même du monde majoritaire. Une fois leurs études terminées, ces « Langham Scholars » vont non seulement former à leur tour une nouvelle génération de pasteurs mais exercer une grande influence par leurs écrits et par leur leadership.

Pour plus d'informations, consultez notre site: langham.org

Lightning Source UK Ltd.
Milton Keynes UK
UKHW020807300621
386396UK00011B/785

9 781783 687657